Mosaik

Tricia Guild

Effektvolle BlumenDekorationen

200 Ideen für Kompositionen und Arrangements
Natürlich, einfach und zum Nachmachen

Fotos: David Montgomery / Text: Nonie Niesewand

Mosaik Verlag

Die Originalausgabe ist erschienen 1986 bei Mitchell Beazley International Ltd., London
Titel der Originalausgabe: Designing with Flowers
Übersetzung aus dem Englischen: Almut Carstens, Andrea Kögel (Pflanzenportraits)
Umschlaggestaltung: Martina Eisele
Redaktion der deutschen Ausgabe: Dr. Ernö Zeltner
Gestaltung: Jacqui Small, Pruce Bucknall
Redaktion: Robert Saxton, Susan Mitchell
Fachberatung: Caroline Boisset
Produktion: Philip Collyer
Illustration: Niki Kernball, Sally Launder, Josephine Martin

Der Mosaik Verlag ist ein Unternehmen der Verlagsgruppe Bertelsmann

Satz: Filmsatz Schröter GmbH, München
Reproduktionen: Gilchrist Brothers Ltd., Leeds
Druck und Bindung: Graficas Estella, Navarra, Spanien
Printed in Spain · ISBN 3-576-10435-6

INHALT

Einleitung 6

FARBE
8

Harmonierende Farben 10
Kontrastierende Farben 12
Der Schimmer von Weiß 14
Die Eleganz von Creme-Weiß 16
Das sonnige Leuchten von Gelb 18
Der rosige Glanz von Apricot 20
Die Glut von Orange 22
Die Wärme von Rot 24
Das funkelnde Rosa 26
Die Zartheit von Violett 28
Die Pracht des Lila 30
Die Anmut von Blau 32
Das frische Grün 34

BLATTWERK
36

Die ersten Frühlingsblätter 38
Grünschattierungen 40
Variationen in Farbe und Form 42
Farne und Gräser 44
Grauschattierungen 46

BEHÄLTER
48

Glas 50
Einfarbige Keramik 54
Gemusterte Keramik 56
Blau-Weiß 58
Metall 60
Körbe 62
Ungewöhnliche Behälter 64
Die Anordnung mehrerer Behälter 66

DIE KUNST DER KOMPOSITION
68

Schlichte Schönheit 70
Einfache Arrangements 72
Schritt für Schritt 74
Große Sträuße 76
Sinn für Proportionen 78
Das Betonen der Linie 80
Stiele 82
Strukturen 84

DIE WIRKUNG DES DUFTES
86

Alte Rosen 88
Prächtige Lilien 90
Aromatische Kräuter und Blätter 92
Der duftende Bauerngarten 94

SPEISEN UND BLUMEN
96

Aus besonderem Anlaß 98
Der Überraschungsgang 100
Hübsche Garnierungen 102
Ein Essen im Freien 104

ZIMMER-SCHMUCK
106

Schneller Wechsel 108
Blumen in Hülle und Fülle 112
Der Umgang mit der Tradition 116
Stille Ecken 118
Monochrome Innenräume 120
Fernöstliche Nostalgie 122
Eßzimmer 124
Ein Schuß Farbe 126
Graphische Einfachheit 130
Schlafzimmer 132
Der erste Eindruck 136
Wintergärten 138
Fenster 140
Sträuße auf dem Fußboden 144
Szenario für einen Tisch 146
Rund um den Kamin 152

AUSWAHL UND PFLEGE VON BLUMEN
154

Der Bauerngarten 156
Frühlingsblumen 162
Rosen und Lilien 164
Duftende Blumen 166
Aromatische Kräuter 169
Grüne Blüten 170
Wildblumen 172
Blühende Bäume und Sträucher 174
Zimmer- und Gewächshauspflanzen 176
Interessantes Blattwerk 178
Beeren und Früchte 182
Farne und Gräser 183
Das Anschneiden und Präparieren 184
Außerhalb der Saison 186
Erklärung der Fachbegriffe 187
Register 188

EINLEITUNG

Ich kann mir nichts vorstellen, das einen Raum unmittelbarer mit Leben erfüllt als Blumen; es gibt keine spontanere Möglichkeit, die verschiedenen Bereiche unseres täglichen Lebens interessanter und phantasievoller zu gestalten. Geschickt arrangierte Schnittblumen können mit ihrer natürlichen Schönheit eine Wohnung verwandeln und immer wieder von neuem mit Leben erfüllen.

Natürlich gibt es Blumengebinde, die entschieden *un*natürlich wirken – besonders solche, bei denen mit Draht, Schaumstoff oder anderen Dingen gearbeitet wird und die Blumen in starre Formen gezwängt werden. Derartige Verirrungen sind für mein Gefühl das genaue Gegenteil dessen, was kreativer Umgang mit Blumen sein sollte. Nicht menschlicher Erfindungsreichtum steht hier im Vordergrund, sondern die individuellen Merkmale jeder Pflanze, so wie sie im Freien wächst. Wieviel Zeit und Sorgfalt Sie auch auf die Zusammenstellung verwenden, das Resultat sollte natürlich, ungekünstelt und selbstverständlich wirken. Diesen scheinbar unbeabsichtigten Effekt erzielt man ebensogut mit gekauften Blumen wie mit Pflanzen aus dem eigenen Garten oder Blumenkasten.

Farbe, Linienführung, Form, Struktur, Größe und Duft sind Aspekte, die man alle bei der Planung eines Arrangements berücksichtigen muß. Diese Aufzählung hört sich vielleicht ziemlich technisch an, aber ich hoffe, das vorliegende Buch wird diesen Eindruck widerlegen. Es kommt hauptsächlich darauf an, dem eigenen Augenschein zu vertrauen. Zwar gibt es bestimmte Grundregeln, aber entscheidender Maßstab für das, was ausgewogen und gefällig wirkt, ist das eigene Gefühl. Wenn Sie erst ein wenig Erfahrung haben, befolgen Sie die Grundregeln schon instinktiv.

Allzu häufig wird ein Arrangement – die kunstvolle Kombination von Blumen, Blattwerk und Behälter zu einem ansprechenden Ganzen – isoliert betrachtet. Es gibt aber noch eine andere Dimension, nämlich die Beziehung zwischen den Blumen und ihrer Umgebung. Für mich als Designerin ist ein wichtiger Gesichtspunkt, Blumen so auszuwählen und zu gruppieren, daß sie den Gesamteindruck einer Einrichtung vervollständigen. Anders gesagt, Blumen sind ebenso sehr Teil der Innenausstattung wie Tapeten, Textilien oder Möbel. Wenn Sie sie so einsetzen, daß sie in Farbe, Muster oder Struktur Ihrer Einrichtung entsprechen oder auch bewußt damit kontrastieren, können Sie Ihre Wohnung ganz neu beleben.

Das Kapitel „Zimmerschmuck" zeigt, daß ich versucht habe, dieses Prinzip auf ganz verschiedene Wohnungen (einschließlich meiner eigenen) anzuwenden, wobei die Blumen entweder die generelle stilistische Linie oder die Atmosphäre betonen oder einen unerwarteten Gegensatz dazu schaffen. Oft sind sie als besonderes Überraschungsmoment gedacht – zum Beispiel verschwenderische, exotische Sträuße in schlichter, gemütlicher Umgebung, einfache Gartenblumensträuße in einem vornehmen, imposant eingerichteten Raum.

Wollen Sie sich nach dem Durchblättern dieses Buches weiter inspirieren lassen, so sollten Sie, wenn möglich, einmal den berühmten englischen Landhausgarten von Sissinghurst in Kent besuchen, der 1930 von Vita Sackville-West angelegt wurde. Für mich ist dieser von allen Gärten der schönste. Besonders bewundere ich ihn wegen seiner prachtvollen Farbzusammenstellung: ein Heer von harmonierenden Farbtönen, das gelegentlich von überraschenden Kontrasten unterbrochen ist.

Bei der Dekoration mit Blumen ist visuelle Inspiration mehr wert als jedes Dogma. Wenn dieses Buch etwas von meiner eigenen Liebe zu Blumen vermittelt, so ist das größtenteils den Photos von David Montgomery zu verdanken, der meine Ideen geschickt und einfühlsam interpretiert hat. Wie ich glaubt auch er daran, daß man die Schönheit der Blumen für sich selbst sprechen lassen sollte.

Tricia Guild.

FARBE

Bei jeder Blume nimmt man zunächst die Farbe wahr, dann den Duft und danach ihren Aufbau und ihre Struktur. Mit der Zusammenstellung verschiedener Farbkombinationen fängt jedes kreative Blumenarrangement an.

Viktorianische Gärtner bevorzugten Blumenbeete, die strikt in grell kontrastierende Farbregimenter aufgeteilt waren. Die englische Gärtnerin Gertrude Jekyll führte dann einen zwangloseren, harmonischeren Stil in die Gartenarchitektur ein, der auch heutzutage beim Arrangieren von Schnittblumen am beliebtesten ist. Kontraste spielen natürlich ebenfalls eine wichtige Rolle, müssen aber mit viel Fingerspitzengefühl behandelt werden.

Der folgende Abschnitt beginnt mit einigen Grundregeln der Farbkomposition und beschreibt dann anhand verschiedener Vorschläge für bestimmte Kombinationen die ganze pflanzliche Farbenpalette Ton für Ton.

Zurückhaltende Mischung zarter Pastelltöne in einem bunten Strauß aus Gartenblumen. Das Laub von *Stephanandra*, Goldligusterzweige und weiße *Lilium regale* stehen zwischen blauen Kornblumen, Jungfer im Grünen und Rittersporn, hellvioletten Skabiosen und Wicken sowie einer tiefrosa Hortensie. Die unterschiedlichen Schattierungen von Violett, Rosa und Blau ergeben eine harmonische Komposition; die Grundstruktur bilden vier Krüge in Weiß. Da die Blumen in Farbe und Form so verschieden sind, müssen die Gefäße schlicht und einheitlich sein; gemusterte Krüge wären zu penetrant.

HARMONIERENDE FARBEN

Vita Sackville-West verglich das Gärtnern einmal mit dem Malen: „Es gibt uns die Illusion, ein Künstler zu sein, der ein Bild malt – ein Farbklecks hier, ein anderer dort, bis uns die ganze Komposition gefällt." Während aber der Gärtner den Farbeffekt langfristig vorausplanen muß, kann man beim Anordnen von Schnittblumen sofort sehen, wie die Farben zusammenpassen: Man nimmt einen Strauß, stellt ihn in eine Vase, tritt zurück und begutachtet die Wirkung. Notfalls kann man störende Farben entfernen, ein Zuviel derselben Farbe mit Blättern oder Blumen in einem anderen Farbton auflockern oder einen starken Kontrast hineinbringen.

Die Farben in einem Blumengebinde sollten immer als Ergänzung ihrer Umgebung – Wandverkleidung, Vorhänge, Mobiliar und Wandanstrich – gewählt werden. Dieses Thema wird in einem späteren Kapitel ausführlich behandelt. Als erstes aber sollte man die Grundfarben von Blumen und ihre unterschiedlichen Kombinationsmöglichkeiten kennenlernen, und zwar in den richtigen Proportionen, um bestimmte Effekte zu erzielen.

Gelungene Farbzusammenstellungen erfordern eine Geschicklichkeit, die man sich erst aneignen muß. Da gibt es zunächst die Kunst der harmonischen Anordnung – das heißt, Farben aus demselben Bereich des Spektrums zu wählen, so daß jede Farbe harmonisch in die nächste übergeht. Manche Designer finden es hilfreich, sich dazu ein „Farbrad" vorzustellen, auf dem alle Töne des Farbspektrums kontinuierlich nebeneinander angeordnet sind; harmonierende Farben liegen dabei in unmittelbarer Nachbarschaft, stark kontrastierende Farben einander gegenüber. Die sieben Grundfarben sind Rot, Orange, Gelb, Grün, Blau, Indigo und Violett, aber natürlich gibt es unzählige Töne und Schattierungen.

Die andere Technik besteht darin, daß man einen unerwarteten Kontrast erzeugt, indem man die Farben zusammenbringt, die sich auf dem Farbrad gegenüberliegen. Ein abstechender Farbtupfer – von Dekorateuren Farbakzent genannt – kann in einem sonst Ton in Ton gehaltenen Strauß eine belebende Wirkung haben. Zwischen Pastelltöne kann man etwa eine einzige leuchtend lindgrüne *Helleborus corsicus* oder eine weiße Schneeballblüte mit einem leichten Stich ins Grüne stellen; die harmonierenden Farben stimmen dadurch noch besser zusammen.

Farben sind entweder warm oder kalt. Zu den warmen Farben, die gelbes Pigment enthalten, gehören Scharlachrot, Orange, gelbgrüne Töne (wie etwa Lindgrün oder Salatgrün) und Gelb selbst; der Bereich der kalten Farben mit blauem Pigment umfaßt Karmesinrot, Violett, Indigo und Blaugrün – zum Beispiel die Färbung von Eukalyptus oder Olivenblättern – sowie Blau. Wenn man Farben innerhalb dieser Gruppen miteinander kombiniert, so gehen sie fließend ineinander über, ohne sich zu „beißen". Setzt man aber Scharlachrot gegen ein Karmesinrot, so erzeugt man einen Kontrast.

Harmonierende Farben sind wesentlich einfacher zusammenzustellen als kontrastierende. Am leichtesten ist es, wenn man Blumen derselben Familie oder Spezies nimmt. Levkojen zum Beispiel blühen in Cremeweiß, Zartrosa, Lila und Mauve, alles Farben, die sich gut kombinieren lassen. Gewöhnlicher Flieder hat eine Fülle violetter, lila und weißer Blüten. Rittersporn bietet Variationen in Blau, bei Chrysanthemen sind es Gold und Bronze.

Hat man sich für ein grundsätzliches Farbschema entschieden, so kann man den Effekt vertiefen, indem man dunklere Farbschattierungen zufügt, oder mit blasseren Tönen oder Weiß aufhellt. Ordnen Sie hellere Farben in Gruppen an, um ihre Wirkung zu verstärken, und benutzen Sie Laub zur Akzentuierung oder Dämpfung lebhafterer Farben. Zwischen grauem Blattwerk sehen alle Blumen leuchtender aus; die Blätter des Kreuzkrauts zum Beispiel beleben auch den blassesten Farbton. Das lila Laub von Weigelie oder Purpursalbei dämpft dagegen alle intensiveren Farben.

Bis zu einem gewissen Grad wechseln die Farben auch mit den Jahreszeiten. Weiße und gelbe Blumen sind Frühlingsboten, ihnen folgen die Blautöne von Iris, Stern- und Traubenhyazinthen und Flieder. Im Hochsommer, wenn die einjährigen Pflanzen in jeder erdenklichen Farbe blühen, ist es schon schwieriger, einen harmonischen Effekt zu erzielen. Der Herbst bringt dann das Rostbraun von Blättern und Beeren und die braungelben Spätsommerblüten von Chrysanthemen und Dahlien.

Harmonierend nennt man Farben, die durch ein gemeinsames Pigment miteinander verwandt sind. Gelb und Orange liegen auf dem Farbspektrum nahe genug beieinander, um eine harmonische Wirkung zu ergeben. In diesem frühlingshaften Arrangement wiederholt sich das Orange-Gelb der weißen und cremefarbenen Osterglocken, bei den Narzissen und in der Farbe des rechten Behälters.

Rechts: **Diese rosa, blau und lila ineinander übergehenden Farbschattierungen stammen von Schmucklilien, Phlox, Akanthus und Rittersporn. Die leuchtendgrünen Muschelblumen, die einen kräftigen Farbakzent setzen, stehen in einem separaten Gefäß, damit sich ihre Wirkung konzentriert entfaltet. Die Farben der Behälter leisten ihren eigenen Beitrag zu einem harmonischen Gesamtbild.**

KONTRASTIERENDE FARBEN

Bei Kontrastfarben braucht man eine sichere Hand, besonders wenn man sie in größerem Umfang zusammenstellt. Im Freien lassen sich mit einer wahllosen Aussaat oft spektakuläre Farbkontraste erzeugen, die in einer Wohnung dagegen übertrieben wirken. Drinnen sollte man zwar beherzt, aber nicht tollkühn mit ihnen umgehen.

Mit Komplementärfarben erzielt man die stärksten Kontraste – etwa mit Grün und Rot oder Blau und Gelb. Kombiniert man Blau mit seinem nahen Verwandten Lila, so ist das Ergebnis von wohltuender Harmonie, aber zusammen mit Zitronengelb, seinem Gegenüber auf dem Farbrad, fällt Blau wesentlich mehr ins Auge: die beiden Kontrastfarben verstärken sich gegenseitig.

Violett und Orange stellen ebenfalls einen lebhaften Kontrast dar. Der französische Impressionist Claude Monet malte in seinem Garten in Giverny orangefarbene Kapuzinerkresse, die vor erhöht stehenden, violettblauen Astern wuchert. Wenn Sie sich diese Farben für die Wohnung aussuchen, sollten Sie sie massenhaft verwenden: Zurückhaltung ist hier nicht angebracht.

Bei zwei Kontrastfarben ist es wichtig, auch die Intensität jeder einzelnen Farbe zu berücksichtigen. Gleich starke Töne bekämpfen sich gegenseitig. Es ist weitaus vorteilhafter, eine helle mit einer dunklen oder eine leuchtende mit einer gedämpften Farbe zu kombinieren. Proportion und Form sind ebenfalls entscheidende Faktoren. Orangegelbe Sonnenblumen würden mit lila Stiefmütterchen eine unglückliche Verbindung ergeben; Lavendel und Islandmohn dagegen oder orange gekräuselte Stockrosen und hohe, violette Glockenblu-

Anemonen in Lila, Magenta und Rosa-Weiß harmonieren mit dem rosa getupften Schleierkraut. Vorherrschend ist hier der Kontrast zwischen den lila und rosa Blumen und der grünen Vase – ein Kontrapunkt, der sich in kleinerem Maßstab bei dem lila Band auf dem alten Buch wiederfindet. Einen weiteren Kontrast bilden die dunkelgrünen Blätter und das Schwarz in den Anemonen.

Rechts: **Diese Nahaufnahme zeigt blauen Rittersporn, akzentuiert durch die graue Knospe einer Vogelbeere. Die eisgrüne Schneeballblüte ist ein leuchtender Blickfang in diesem sonst farblich harmonierenden Strauß.**

men ergänzen sich in Form und Farbton gut.

Wenn eine der Kontrastfarben durch ein Muster gebrochen wird, verringert sich ihre Leuchtkraft. Dies kann man etwa bei panaschierten Blättern beobachten oder bei der alten Rosenart 'Rosa mundi', deren rosa Blütenblätter weiß gesprenkelt sind. Betonen Sie die Mehrfarbigkeit, indem Sie einfarbige Blüten in den entsprechenden Farben hinzufügen – bei der 'Rosa mundi' zum Beispiel andere Rosenarten: die purpurrosa 'Cardinal de Richelieu', die rotbraune 'William Lobb' und die weiße 'Iceberg', alle zusammen in einer weißen Porzellanschale.

In großen Sträußen sehen harmonierende Farben gut aus; für Kontrastfarben empfiehlt sich ein kleineres Arrangement. Ein hübsches Bukett ließe sich zum Beispiel aus rosa Nerinen, gelben Narzissen, tief karmesinroten Papageientulpen und schwarzäugigen, lila Anemonen zusammenstellen. Eine andere Möglichkeit ist die des abgestuften Kontrasts, indem man zwischen die beiden Extreme ineinander übergehende Farbtöne einfügt. Man könnte auch einem Strauß in harmonierenden Farben mit einem kleinen, kräftigen Akzent in einer Kontrastfarbe den letzten Pfiff geben – ein ähnlicher Effekt wie bei der kontrastierenden Paspel auf einem Sofa.

Gelbliche Grüntöne kontrastieren mit Blau, Blaugrün aber harmoniert damit. Hier wurden Sternhyazinthen und Borretsch mit lindgrünem *Helleborus foetidus* und grünlichgelber *Euphorbia robbiae* zusammengestellt. Der lebhafte Kontrast wird durch das leuchtende Blau auf dem Behälter noch unterstrichen. In der linken Vase ziehen eine Handvoll roter Ritterspornknospen die Aufmerksamkeit auf sich; sie sind der Angelpunkt der ganzen Komposition.

DER SCHIMMER VON WEISS

Weiß ist die Farbe sehr vieler schöner Blumen – wachsweiße Gardenien, strahlende Mondwinden, die dunstigweißen Blüten des Schleierkrauts im Hochsommer, weißer, duftender Jasmin und das samtige Weiß des aromatischen Ziertabaks *(Nicotiana)*, das nachts so exquisit schimmert.

Das Aussehen weißer Blütenblätter variiert entsprechend ihrer Struktur und Musterung. Auch zarte Äderungen in Rosa, Gold und Bronze beeinflussen den Gesamteffekt. Die weiße Lilie zum Beispiel ist innen wunderschön golden getönt, die weiße Schwertlilie golden gemasert. Mit solchen subtilen Nuancen haben Sie auch in einem Arrangement, das nur aus weißen Blumen besteht, die unterschiedlichsten Möglichkeiten.

Weiß kann die Buntheit eines Straußes dämpfen oder einem ansonsten einfarbigen Gebinde zusätzlichen Reiz verleihen. Sie können natürlich auch Weiß zum Hauptthema machen. Weiße Blüten und silberblättrige Pflanzen veredeln sich gegenseitig, und auch weißgrün panaschierte Blätter sind prächtige Begleiter – die gestreifte *Hosta fortunei* etwa oder die getupfte *Pulmonaria*. Wenn Sie deren Laub mit ein paar weißen Rosen, weißem Flieder, Nachtviolen, Levkojen und weißen Veilchen mischen, haben Sie einen zwanglos wirkenden Strauß ganz in Weiß, der überhaupt nicht an ein Brautbukett erinnert.

Weiße Blumen gibt es das ganze Jahr über. In fahlen Winterlandschaften finden wir die zartesten weißen Blüten – Schneeglöckchen, Zwergiris, Hyazinthen, Krokus und Jonquillen. Floristen tun das Ihre, um die Natur auszustechen, indem sie Blumenzwiebeln unter Glas antreiben, so daß die Pflanzen oft unglaublich lange Stiele haben, weil sie dem Sonnenlicht entgegenwachsen. Diese Stiele bringen Sie am besten in Glasgefäßen zur Geltung, in denen man ihre Länge und Schlankheit bewundern kann. Weitere Frühlingsboten sind Birnen- und Kirschenzweige, die sich unter der Last ihrer Blüten biegen und das Haus mit sommerlicher Verheißung erfüllen.

Die weißen Blumen des nahenden Sommers sind häufig wohlriechend, angefangen mit Maiglöckchen, gefolgt von weißem Flieder, Ziertabak, Orangenblume und Pfeifenstrauch. Der Spätsommer bringt dann das muntere Löwenmaul sowie Maßliebchen und Astern, deren Blüten mit der sonnengelben Mitte gut zu goldgeflecktem Laub passen.

In den Wäldern wuchern sternförmige weiße Anemonen und zarte Veilchen über schattige Wege. Ebenso kann man zu Hause einen schattigen Platz aufhellen, wenn man weiße Blumen zwischen dunkel glänzende Blätter stellt.

Vita Sackville-West liebte weiße Blumen leidenschaftlich: „Ich liebe Farbe und erfreue mich an ihr", schrieb sie, „aber Weiß entzückt mich immer." Weiter schwärmte sie von den delikaten Schattierungen, die weiße Blüten in der Dämmerung oder in mondbeschienenen Gärten annehmen. Wenn man weiße Schnittblumenarrangements für die Wohnung zusammenstellt, kann man die geheimnisvollen Spiele des Lichtes auch drinnen genießen.

Die Zimmerkalla, hier spiralförmig in einem Glaszylinder angeordnet, gehört zu den wenigen Blumen, die rein weiß sind. Die Blüten, geädert und wunderschön strukturiert, erinnern an feines Papier. Bemerkenswert ist, wie die dunkelgrünen Blütenscheiden das Weiß noch unterstreichen. Wegen ihres Duftes habe ich diesen schlichten, wirkungsvollen Stauß durch ein paar Tuberosen vervollständigt.

Rechts: **Ein zwangloseres Arrangement in Weiß, diesmal in kleinerem Format. Gegen die Maiglöckchenblüten heben sich lindgrüne *Euphorbia robbiae* und *Helleborus foetidus* ab. Die grünen Blätter, von denen die Maiglöckchen draußen in der Natur umhüllt sind, bilden hier als schützende Umrandung ein regelmäßiges Muster.**

DIE ELEGANZ VON CREMEWEISS

Diese beim Floristen gekaufte Rose 'Landia' hat viele Blütenblätter, einen süßen Duft und ist von einem so satten, sahnigen Weiß, als ob die goldene Mitte auf die geäderten Blütenblätter abgefärbt hätte. Die Blüte war von so einzigartiger Schönheit, daß ich sie ganz allein als Tafelaufsatz verwendet habe.

Rechts: **Die cremefarbene Pfingstrose ist viel größer als eine Rose und besonders voluminös. Hier wird der sahnige Schimmer ihrer Blütenblätter durch die weiße Vase noch verstärkt. Die saftig grünen Zweige einer jungen Buche bilden das Gegengewicht zur grünen Vase und verleihen den hochsommerlichen Pfingstrosen, die relativ lange halten, Unmittelbarkeit und Frische.**

Die beliebteste Anstrichfarbe für neutrale Hintergründe ist das häufig anzutreffende „Magnolie" – eine Irreführung, denn sie besitzt nicht annähernd den Glanz der *Magnolia grandiflora*. Dieser Glanz ist es, der cremefarbene Blüten so schön macht. Jedes einzelne Blütenblatt hat eine so üppige Struktur, daß kein noch so gleichmäßiger Farbanstrich sie reproduzieren könnte. Wie die Sonne das Purpur einer Damaszenerpflaume zur Geltung bringt, so verleiht der sahnige Schimmer von cremefarbenen Blumen ihnen den spezifischen Charakter, der sie von rein weißen Blüten unterscheidet.

Besonders bei Rosen wirkt es dann manchmal so, als ob das goldene Herz der Blumen von innen heraus Schicht für Schicht ihre duftenden Blütenblätter durchstrahlt. Die alte, gefüllte *Rosa* 'Alba Maxima', bekannt als Jakobiterrose, hat weiße Blütenblätter, die in der Mitte cremig getönt sind. Hybriden wie 'Penelope' haben suppentellergroße, cremeweiße Blüten, die nach innen in ein sanftes Gold übergehen. Gärtner rümpfen zwar heutzutage über Hybriden die Nase und ziehen die alten Arten vor, aber diesen Luxus kann man sich eigentlich kaum mehr leisten, denn alte Rosen haben auch altmodische Eigenschaften und blühen nur einmal im Frühsommer. Im Gegensatz dazu produziert die 'Penelope' ihre sahnig-goldenen Blüten freigebig den ganzen Sommer hindurch, und zwar in solchem Überfluß, daß man mit ihnen auch als Schnittblumen verschwenderisch umgehen kann. Plazieren Sie zum Beispiel einzelne Blüten zwischen speziell ausgewählte Objekte wie etwa antike, edel in Pergament gebundene Bücher oder alte Partituren.

Eine einzige cremefarbene Rose neben einer Schüssel bunter, wohlriechender Kräuter bringt Schmelz und Duft der frischen Blume besonders zur Geltung. Auf dem Eßtisch vollenden Magnolien, einzeln auf weiße Porzellanteller neben eine weiße Damastserviette gelegt, die festliche Dekoration.

Auffallend, wenn auch nicht eßbar, ist ein Tafelschmuck, den man aus Samen selber ziehen kann: die cremefarbene Zwerg-Seerose *(Nymphaea pygmea helvolva)*. Diese winzige Pflanze spielte einst als beliebtes Dekorationsmotiv eine ebenso wichtige Rolle für die Art Nouveau wie der Granatapfel für die Renaissance oder die Rose für das Rokoko. Man braucht dafür einen etwa 18 cm tiefen Behälter von 30 cm Durchmesser – zum Beispiel eine gläserne Salatschüssel. Eine Kupferschale hätte den Vorteil, daß man das Wurzelgewirr unter den Seerosen nicht sieht. Schneiden Sie die Samen auf und legen Sie sie in etwa 24° Celsius warmes Wasser, das Sie zweimal täglich wechseln sollten, bis sie nach ungefähr einem Monat anfangen zu keimen. Das mag sich mühselig anhören, ist aber noch gar nichts im Vergleich zu den Anstrengungen, die die Gärtner im 19. Jahrhundert auf sich nahmen, um diese wunderschönen Exoten aus dem Dschungel an nördliches Klima zu gewöhnen.

DAS SONNIGE LEUCHTEN VON GELB

Gelb hat eine starke Strahlkraft. Dieser Strauß aus leuchtend gelben Mimosen mit ihren gefiederten Blättern und Schafgarbenblüten bildet zusammen mit dem Behälter aus geschrubbtem Kiefernholz und einer einfachen gewebten Matte eine harmonische Einheit. Alle Gelbtöne haben hier dieselbe Wertigkeit und treten durch das zarte, grüne Laubwerk noch deutlicher hervor. Der frische Zitrusduft von ein paar Geranienblättern ergänzt das Aroma der Mimosen.

Goldene oder gelbe Blüten sind immer strahlend, nie matt. Schon von der Form her spiegelt z. B. die Sonnenblume die Vitalität der sommerlichen Sonne wider, ebenso heiter wirken auch Blumen, die von der Form her weniger symbolhaft sind – die gelben Trompeten der Taglilie oder die flaumigen Büschel der Mimose. Die länger werdenden Strahlen der Nachmittagssonne finden ihr Abbild in den Rispen der Goldrute und den gelben Ähren des Löwenmauls. So lebhafte Gelbtöne können einen ganzen Raum mit sommerlicher Helligkeit erfüllen. Die englische Gartenexpertin Gertrude Jekyll schrieb, daß man selbst an einem grauen, trüben Tag das Gefühl hat, in Sonnenschein zu treten, wenn man in einen Garten voller goldgelber Blumen kommt.

Schlüsselblumen und Narzissen sind Frühlingsboten; dann folgen Mimosen, zitronengelber Hartriegel, gelbe Strauchrosen und Schwertlilien und gegen Ende des Sommers das Johanniskraut. Einen willkommenen Quell von frühwinterlichem Gelb bietet der Winterjasmin, dessen süßer Duft sich drinnen noch verstärkt. Spätwinterlicher Goldlack duftet in einem warmen Zimmer intensiv nach einer Mischung aus Jasmin und Zitrone.

Gelbgrün geflecktes Laub ist in einem farblich aufeinander abgestimmten Strauß außerordentlich wirksam. Gut eignen sich dafür die panaschierten Sorten von Stechpalme, Funkie, Efeu und Hartriegel. Im Herbst lohnt es sich, von den Laubbäumen Zweige mit blaßgelben Blättern zu pflücken, die entsprechend dem nahenden Jahresende eine sanft-melancholische Stimmung verbreiten.

Gelbtöne kontrastieren gut mit Violett und Lila, ihren Komplementärfarben im Farbenspektrum. Kombinieren Sie hellgelbe Schlüsselblumen mit Weigelien und den purpurblättrigen Zweigen des Perückenstrauchs (*Cotinus coggygria* 'Foliis Purpureis'). Zurückhaltender wirkt eine Mischung aus 'Harvest Moon'-Nelken, dunkeläugigem Sonnenhut, sonnig gelben Ringelblumen und rostbraunen Inkalilien; dazu nehmen Sie Immergrün-Blätter, panaschierten Efeu und das lindgrüne Laub des Ziertabaks.

In einem gemischten Strauß kann man mit einer einzigen gelben Blume einen Akzent setzen. Das Gelb sticht hervor, weil es den Blick unmittelbar auf sich zieht. („Hervortretende Farben" ist ein Designer-Begriff für die warmen Rot-, Orange- und Gelbtöne, die scheinbar dem Auge entgegenkommen.) Der Glanz einer goldenen Lilie zum Beispiel gibt einen solchen Blickfang ab.

Die Blüten von Kalifornischem Goldmohn und Islandmohn haben viele Farbschattierungen zwischen Gelb und Gold. Mohnarten sollte man immer schneiden, bevor sich ihre Knospen öffnen, und die Stiele dann 30 Sekunden lang in kochendes Wasser halten; dadurch halten die Blumen länger und entfalten die Knospen schneller.

Die Wirkung gelber Blumen kann man durch eine sorgfältige Auswahl des Hintergrundes noch verstärken. Eine besondere Affinität hat diese Farbe zu Materialien wie Ziegel, Stein, Holz, Terrakotta und Korbgeflecht.

Narzissen werden üblicherweise in dicken Sträußen präsentiert. Ein paar dieser gelben Blüten zwischen weißen Osterglocken können jedoch ebenso wirkungsvoll sein. Hier tritt das Gelb durch die grünen Schneeballblüten noch deutlicher hervor, so daß inmitten der frostig weißen Frühjahrsblumen ein zweifacher, leuchtender Farbakzent gesetzt ist.

DER ROSIGE GLANZ VON APRICOT

Zwei aprikosenfarbige Rosen flankieren eine pfirsichrosa Blüte, deren Blätter einen Rand aus reinem Rosa haben. Eine einzige weiße Königslilie mit gelber Maserung verstärkt den Goldschimmer. Grüne Blätter würden hier die Wirkung abschwächen.

Zwischen Rosa und Gelb liegen Farbtöne, denen wir die Namen von Früchten geben. Pfirsich ist mehr rosa angehaucht, Apricot orange unterlaufen und Mango eine Mischung aus Orange und Rosa.

Diese Schattierungen gibt es nur bei relativ wenigen Blumen, die bekanntesten sind Rosen und Gladiolen. Von Sommer bis Herbst blühende Floribundarosen haben manchmal üppig gefüllte aprikosen- oder pfirsichfarbene Blüten, zum Beispiel die 'Alison Wheatcroft' in Apricot-Rosa und die 'Fritz Nobis' mit ihren zart lachsrosa Blüten, die zur Mitte hin dunkler werden. Die Gladiole, beliebtes Requisit für Art-Deco-Einrichtungen in den dreißiger Jahren, feiert gerade ein Comeback. Im Sommer wartet sie mit größen Blüten in hellem Orangerosa ('Peter Pears') oder kräftigerem, karmesinrot gesprenkeltem Apricot ('Toulouse-Lautrec') auf. Die kleinere *Gladiolus nanus*, die schon ab Mitte Frühjahr blüht, gibt es in Lachsorange als 'Spitfire' und in Lachsrosa als 'Spring Glory'.

Ungewöhnlich, aber aufregend wirken pfirsich- und aprikosenfarbene Blüten in monochromen Arrangements. Als warme, ruhige Farben benötigen sie weder Kontrast noch harmonische Ergänzung. Effektvoll sieht eine einzelne Blüte in einer Stielvase aus. In einem modernen Appartement würde z. B. eine Gerbera besonders wirken, ihre klare Form und seltene Farbe haben starke Ausstrahlung. Um die Wirkung abzuschwächen, kann man cremefarbene Blumen hinzustellen oder mit einer Umrahmung aus kleinen weißen Blumen ihre Besonderheit noch unterstreichen.

Manche Pflanzen blühen in einer ganzen Reihe warmer Farben: Islandmohn zum Beispiel hat pfirsich-, aprikosen-, lachs-, korallenfarbene und zitronengelbe Blüten, die man manchmal in verschiedenen Kombinationen am selben Gewächs findet – mit Sicherheit aber in derselben Samentüte. Diese Blumen, alle zart wie Seidenpapier, würden gut in einem bunten Strauß zusammenpassen, ohne daß die Farben sich stören. Wenn man unterschiedliche Blumenarten mischt, ist allerdings größere Vorsicht geboten. Eine einzelne pfirsichfarbene Mohnblume zwischen gelben Margeriten wäre eine Katastrophe, da das Gelb für den subtilen Pfirsichton viel zu deftig ist. Als allgemeine Regel gilt: Wenn man zu pfirsichfarbenen Blumen das passende Rosa oder Gelb sucht, so sollte man grellere Töne meiden.

Bei Malven findet man neben gewöhnlichen rosa und gelben Exemplaren auch Ähren mit pfirsichfarbenen Blüten. Bunt gemischt, können sie in einem schlichten Steingutgefäß, wie etwa einem alten Senftopf, wundervoll harmonisch aussehen.

Die Komplementärfarbe zu Pfirsich ist Schieferblau. Die Farbe ist bei Blumen selten, obgleich die stahlblaue Sorte 'Baltic' des Lebenbalsams gut mit pfirsichfarbenen Blüten kontrastiert; beide Farben sind von gleich zarter Tönung. Manche blaugrünen Blätter passen gut zu pfirsichfarbenen Blumen – die silbrige *Artemisia* 'Powys Castle' zum Beispiel und der metallischglänzende *Eucalyptus gunnii*.

Zinngefäße eignen sich gut für Pflanzen mit pfirsich- und aprikosenfarbenen Blüten, besonders wenn silbergrünes Laub dabei ist, dessen matter Schimmer einen besonders wirksamen Hintergrund abgibt.

Dieses einfache, fast spartanische Arrangement regt dazu an, die Blüte dieser Gerbera ganz genau zu betrachten und ihre ungewöhnliche Farbe zu bewundern. Aprikosenfarbige Blumen, nicht so leuchtend wie Orange und nicht so klar wie Gelb, erfordern eine ganz spezielle Behandlung. Um die Schönheit der Blüte besser zur Geltung zu bringen, habe ich die Blätter von *Hosta fortunei* und einen jungen Buchenzweig dazugestellt.

DIE GLUT VON ORANGE

Orange wirkt nie blaß oder unauffällig, sondern immer als Blickfang, selbst wenn es in verschiedenen Schattierungen auftritt. Sein intensives Leuchten verkürzt optisch die Distanz zum Auge, da die Farbe einen geradezu anspringt.

Veilchenblau ist die Komplementärfarbe zu Orange. Stellt man die zwei nebeneinander, so entsteht ein lebhafter Kontrast, der beide Farben scheinbar stärker strahlen läßt. Gehen Sie dabei aber vorsichtig zu Werke: manche Töne, wie etwa das blasse Violett von Lavendel, passen überhaupt nicht zu Orange. Gertrude Jekyll empfahl, orangefarbene Lilien *(Lilium bulbiferum croceum)* neben blauen Rittersporn zu pflanzen und so die Leuchtkraft beider Farben zu steigern. In der Wohnung könnte man diese Kombination um interessante Nuancen ergänzen, wenn man Berberitzen von einem noch tieferen Violett als der Rittersporn und gelbbraune Chrysanthemen hinzufügt.

Man kann auch allmählich von Orange über sämtliche Farben des Sonnenuntergangs zu einem dunklen Violett übergehen, wenn man das lila gemaserte Blattwerk des Purpursalbeis mit verwendet.

Die Zusammenstellung von orangefarbenen Blumen und Herbstblättern sollten Sie vermeiden, da sie leicht übertrieben wirkt. Schwächen Sie das Orange statt dessen durch grünes oder silbergrünes Laub ab.

Wer behauptet, daß die Natur in der Farbharmonie keine Fehler mache, ist entweder „farbenblind oder sentimental", bemerkte Vita Sackville-West. Des-

Einzelne Hahnenfußblüten stehen hier in einer Gruppe kleiner irdener Vasen. Wir sehen Zitronengelb, Weiß und ein einziges Exemplar in kräftigem Rosa, aber das Orange dominiert. Seine Leuchtkraft ist noch intensiver durch die apfelgrünen Blätter einer Henne mit Küken.

halb sonderte sie die orangefarbenen Blüten von *Alstroemeria*-'Ligtu'-Hybriden aus, die zufällig neben rosa Exemplaren derselben Gattung wuchsen und zusammen eine unpassende Kombination ergaben. Gelborange Töne ziehen von sich aus schon die Aufmerksamkeit auf sich und sollten eher gemildert als durch zuviel Rosa noch verstärkt werden. Trennen Sie Orange und Rosa durch Blätter oder weiße Blumen voneinander.

Goldlack wächst in harmonierenden Farbzusammenstellungen von bräunlichem Gold, Rostbraun, Mahagoni, Gelb und Orange. Früh im Jahr blüht auch die orangefarbene Berberitze *(Berberis darwinii)*. Narzissen sind selbst eine Kombination aus Gelb und Orange; dann folgen die Ringelblume, die orangefarbene Taglilie, *Lilium henryi, Lilium canadense*, Islandmohn, die gefleckte Tigerlilie, Sonnenblume und Kapuzinerkresse, letztere in Orange, Gelb und Gold.

Später im Herbst platzen dann die orangegelben Früchte der Pfaffenhütchen mit den scharlachroten Samen, und die Hagebutten produzieren büschelweise ihre orangeroten Beeren.

Wie ein Lichtstrahl ragen die orangefarbenen Montbretien aus den Geranienblättern hervor. Blüten und Blätter haben beide dasselbe gelbe Pigment. Stellen Sie sich anstelle der Geranien Eibenzweige vor – das Orange wäre ein geradezu glühender Kontrast zu dem dunklen Grün. Dieses Arrangement dagegen strahlt in heller, sonniger Harmonie. Der viereckige Behälter in klarem Grün und die beiden weißen Keramikvasen unterstreichen die subtile Wirkung.

DIE WÄRME VON ROT

Rot kann den nach Harmonie strebenden Blumenfreund vor große Probleme stellen. Grundsätzlich läßt sich diese Farbe in zwei Gruppen unterteilen, in Karmesin- und Zinnobertöne. Wenn man die beiden im gleichen Verhältnis mischt, kann die Wirkung scheußlich sein, da sie miteinander rivalisieren.

Karmesin – ein tiefes Rot mit einem Stich ins Blau – gehört zu Karminrot und Magenta; das orange angehauchte Zinnober umfaßt Rostrot und Scharlachrot. In einem bunten Strauß hängt die gelungene Verwendung von Rot davon ab, daß seine Schattierung – entweder blau- oder gelbstichig – zu den anderen Farben paßt.

Ein einfarbiges rotes Arrangement kann man durch einen kontrastierenden Rotton beleben. Ein Verehrer mag sich seiner Liebsten vielleicht mit einem Dutzend roter Rosen erklären, aber sonst ist es hübscher und stilvoller, wenn Sie den Strauß mit zartrosa Rosen oder einigen karmesinrot und weiß gefleckten 'Rosa Mundi' auflockern.

Die Verwendung von Rot erfordert ein gewisses Feingefühl. Rot ist eine Farbe, die immer auffällt, ob eine rote Blüte nun als Alleinherrscherin daherkommt oder in einem gemischten Arrangement mit anderen Tönen kontrastiert. Ein kräftiges Rot ist wesentlich leichter mit einem zurückhaltenden Farbton zu kombinieren als mit einer ebenso intensiven Farbe. Wenn man geschickt vorgeht, kann eine kühne Zusammenstellung zweier leuchtender Farben allerdings phantastisch aussehen.

Zu der im Fühjahr blühenden karmesinroten *Camellia japonica* 'Mathotiana Rubra', zu Alpenveilchen, Anemonen oder Holzapfelzweigen ist dunkellila Blattwerk eine gute Ergänzung – wie etwa das samtige Laub von Salbei, Purpurbasilikum oder Weigelien. Der Holzapfelbaum 'Eleyi' mit seinen karmesinroten Blüten und lila Blättern liefert ein gutes Beispiel für die Kombinationsgabe der Natur.

Etwas später kann man dann zinnoberrote Tulpen, Nelken, Geranien, Löwenmäulchen, Mohnblumen und Pfingstrosen mit den silbergrauen Blättern von Eberraute, Ziest oder Artischocken zusammenstellen. (Grau verändert die Farben neben sich nicht, sondern intensiviert sie noch.)

Im Verlauf des Sommers werden die Rottöne im Blumenangebot immer wärmer. Das feurige Rot von Dahlien oder Geranien drängt sich förmlich in den Vordergrund – ein Effekt, den man mit dunkelgrünen Blättern, vor denen das Rot juwelengleich funkelt, noch verstärken kann.

In diesem bunten Hahnenfußstrauß gibt es nur wenige rote Blüten, und trotzdem beherrschen sie das Gesamtbild. Ihr auffallendes Scharlachrot tritt noch stärker hervor, weil sie in der Mitte stehen und wegen des lebhaften Kontrasts der *Hosta-fortunei*-Blätter – Grün liegt Rot auf dem Farbspektrum genau gegenüber. Füllen Sie eine flache Schale mit duftendem Wasser – ein paar Tropfen Rosenwasser oder etwas aromatische Kräuteressenz genügen – und stellen Sie sie daneben auf, so daß sich die herabfallenden Blütenblätter darin sammeln.

Rechts: **Rot ist eine dominierende Farbe; niemals zieht sie sich schüchtern in den Hintergrund zurück. Hier wurden rote Rosen in gewagter Kombination in einem karmesinroten Eimer gestellt, der zwanglos auf einer offenen Treppe steht. Die Rottöne sind kräftig; ihre Wirkung wird durch die weißen und rosa Rosen nicht abgeschwächt. Wir haben es hier mit dem bläulichen Karmesinrot zu tun, das ganz anders ist als das gelbliche Scharlachrot oder das Zinnoberrot einer Poinsettie.**

DAS FUNKELNDE ROSA

Rosa kann in seinen eher lachsfarbenen Schattierungen einen Stich ins Gelbe haben oder als Violettrosa zu Blau tendieren. Da ist zum Beispiel der Fingerhut: Meistens sieht man ihn in Gärten und Hecken als rosa Blume mit einer Spur Blau; die gezüchtete Varietät 'Sultan's Apricot' dagegen ist aprikosenfarbig unterlaufen, worauf schon der Name hindeutet, und sollte in einem gemischten Strauß mit Gelbtönen kombiniert werden.

Ein kräftiges Rosa, das schon fast ins Orange übergeht, paßt gut zu der hellen Frische lindgrüner Blätter, während hellrosa Töne zusammen mit dunkelgrünem Laub intensiver wirken. Dieses Prinzip kann man gut bei einem rotwangigen Apfel beobachten, dessen Rosa sich dort vertieft, wo es an Grün grenzt.

Die kühlen, blau pigmentierten Rosatöne verschwimmen zu hellem Violett und Lila, wie Heidekraut auf einem nebligen Moor oder Wicken an einem Sommertag. Vage Erinnerungen an einen ländlichen Garten werden heraufbeschworen, denn viele der ältesten Blumensorten sind rosa – von den Rosen bis zu den Nelken. Dieses Rosa findet man bei zarten Frühlingsblüten, im Was-

Mit grauem Laub und cremeweißen Blüten wird Rosa zur gedämpften Pastellfarbe, zusammen mit Grün dagegen wirkt es leuchtender. Hier wurde rosa Fingerhut mit den Blättern von *Astrantia* und *Hosta fortunei* sowie gelblichgrünen Dilldolden belebt.

sermelonen-Rosa der Mohnblume *Papaver orientale* 'Sultana', im durchscheinenden Muschelrosa der Pfingstrose *Paeonia* 'Janice' oder im Rosarot der Bourbon-Rose 'Madame Pierre Oger'.

Auf die frühe Kirschblüte und rosa Kamelien folgen Rosen, Pfingstrosen, Mohn, Lilien, die Nerine, die sich im Wasser so gut hält, und die spät blühende Amaryllis. Von den Hortensien, die in alkalischem Boden rosa werden, und dem in zarter Üppigkeit wuchernden Rhododendron kann man gleich ganze Arme voll für eine großzügige Zimmerdekoration abschneiden. Rosa ist besonders schön im Hochsommer, wenn die kräftigen Farben in unseren Gärten vorherrschen.

Riskieren Sie ruhig etwas mit Rosa. Beim Schloß von Sissinghurst markieren zwei scharlachrote Kletterrosen den Eingang zu dem in Rosa und Violett gehaltenen Garten, eine für meinen Geschmack gewagte Kombination. Auch die Mauern des Tudor-Schlosses selbst sind rosa – wie „Himbeercreme", bemerkte Vita Sackville-West. Bei Schnittblumen geht es natürlich um weniger langfristige Effekte. Eine Fuchsie enthält sowohl Rosa als auch Scharlachrot; und eine ähnliche Wirkung kann man auch mit mehreren Rosen erzielen, deren Farben jeweils den Tönen der Fuchsie entsprechen.

Wenn Sie verschiedene Rosaschattierungen mischen, so sollten es verwandte Töne sein, zu deren Aufhellung oder Vertiefung Sie Blattwerk verwenden sollten. Blasses Rosa sieht in großen Mengen leicht verwaschen aus, so daß es eine Einfassung aus dunkelgrünem Laub vertragen kann. Graue Blätter bringen Rosa besonders zum Leuchten – zum Beispiel die von Kamille, Greiskraut oder Heiligenkraut. Dunkler wirken Rosatöne mit lilastichigem Salbei, gefiedertem Purpurfenchel oder pflaumenfarbenen Weigelienblättern. Um ein Übergewicht an Rosa zu vermeiden, kann man mit einer einzigen anderen Farbe einen Akzent setzen – beispielsweise einen riesigen Strauß aus rosa Rhododendron mit einer Wolfsmilchblüte auflockern.

Pfingstrosen in purem Rosa werden bei diesem Arrangement von dunkelgrünen Funkienblättern und der graugrün schimmernden Unterseite von Artischockenblättern zum Leuchten gebracht. Beachtenswert ist hier das Zusammenspiel der verschiedenen Strukturen – der glänzenden grünen Blätter und der seidigen Blüten.

DIE ZARTHEIT VON VIOLETT

Mit Violett, dieser zarten Mischung aus Lila und Rosa, muß man besonders feinfühlig umgehen, wenn man sie neben andere, kräftigere Farben plaziert. Zusammen mit leuchtenden, auffallenden Blüten bleibt ihre fragile Schönheit leicht unbemerkt.

In einem ländlichen Garten sind violette Blumen oft diejenigen, die am schönsten duften – Lavendel zum Beispiel, Flieder, Phlox, Levkojen und die verschiedenen Schmucklaucharten. Im Winter sind die wohlriechendsten Pflanzen fürs Zimmer rosa und violette Hyazinthen.

Krokus und Iris bringen schon früh im Jahr mit ihren kleinen Blüten Violett ins Haus. Stellen Sie sie als Assoziation zur spätwinterlichen Erde, aus der sie so überraschend hervorsprießen, in irdene Töpfchen. In Sissinghurst wachsen neben Bartiris violette Schmucklauchbüschel, die von schwertförmigen, graugrünen Blättern eingefaßt sind, eine Idee, die man im Frühsommer gut für die Wohnung übernehmen kann.

Etwas später gibt es dann die Nachtviole mit ihren duftenden weißen, rosa und violetten Blüten, die man zu dreifarbigen Sträußen zusammenstellen kann; größerformatige Arrangements entstehen aus Fliederzweigen. Blumenzüchter bringen Flieder auch außerhalb der Saison zu üppiger Blüte, wobei allerdings sein berauschender Duft verlorengeht. Dasselbe geschieht bei kommerziell gezogenen Wicken. Die wohlriechendste Wickenart ist die altmodische, violette *Lathyrus odoratus* mit ihren kleinen, fein kolorierten Blüten.

Gewagtere Zusammenstellungen sind mit violetten Hortensien und Pfingstrosen, der Phloxsorte 'Fairy's Petticoat', Glockenblumen, Malven, den tiefvioletten Lavendelähren 'Hidcote' oder der blasseren, höherwüchsigen Sorte 'Munstead' möglich.

Violette Blumen werden durch graues Blattwerk betont. Das filzige Laub des Ziest, die silbrig schimmernden Blätter von Heiligenkraut, Greiskraut oder Artischocken kann man gut verwenden, um die zarte Farbe zum Leuchten zu bringen. Einen hübschen stofflichen Kontrast bilden auch Gräser und Samenkapseln zwischen violetten Spätsommerblumen, zum Beispiel Astern, die ihre Wiesenfrische hervorheben.

In dieser Komposition gibt es keine einzige violette Blume, aber die Kombination von rosa Nelken und Sternhyazinthen, deren Farbtöne sich in den Gefäßen und im Hintergrund wiederholen, verschmilzt zu einem Gesamteindruck von Violett. Weiße Möhrenblüten, grünlichweißer Schneeball und die wollig grauen Unterseiten seiner Blätter liefern den farblichen Kontrast. Kleine Blumen wie Sternhyazinthen können von modernen, gemusterten Keramikgefäßen leicht erdrückt werden; ein Effekt, der hier durch geschickte Abstimmung der Farbtöne vermieden wurde.

DIE PRACHT DES LILA

Reines, unverfälschtes Lila ist eine Farbe, deren Leuchtkraft am besten durch Dunkel- oder Hellgrün, Weiß, Blau oder Rosa betont wird. In der Natur wie auch in Gärten findet man sie selten neben Farben derselben Intensität – obgleich in tropischen Klimazonen die sonnenbeschienenen Mauern von lila, aber auch scharlach- und magentaroten Bougainvilleen überwuchert sind. Derartig auffallende Kombinationen aber erfordern blendend helles Licht und eine gewisse Zufälligkeit, um zu wirken. In den meisten Wohnungen würden sie nicht zusammenpassen.

Gelb läßt die Farbe Lila noch leuchtender erscheinen. Um diesen Effekt selbst festzustellen, nehmen Sie einen simplen Strauß kleiner Stiefmütterchen *(Viola tricolor)* und stellen die Spitzen einiger Goldrutenzweige dazwischen: das Lila wirkt strahlender, das Gelb intensiver. Jetzt ersetzen Sie die Goldrute durch eine Umrandung aus silbrigem Ziest, und Sie können beobachten, wie das Lila sich deutlich in Richtung Blau vertieft.

Seit den Zeiten des Jugendstils sind große Flächen ganz in Lila bei der Inneneinrichtung aus der Mode gekommen. Damals wurde Lila gern mit leuchtenden Blau- und Grüntönen in den Farben von Pfauenfedern kombiniert. Beliebt waren auch Gebinde aus Pfauenfedern und Gräsern – ein Luxusartikel, der auf den Wiener Maler Hans Makart (1840–84) zurückgeht und bei Floristen als „Makart-Bukett" bekannt war.

Heutzutage verwendet man Lila in der Wohnung am besten zur Akzentuierung – zum Beispiel in kleinen Gruppen gleichmäßig im Raum verteilt. Im Frühsommer wirken Schalen mit lila und blauen Iris sehr attraktiv. Die hochwüchsige *Iris sibirica* 'Keno Gami' hält sich im Wasser gut. Um den königlichen Purpurtönen etwas von ihrer Feierlichkeit zu nehmen, kann man sie mit weißen Margeriten mischen.

Manche lila Blumen sehen am besten aus, wenn man viele von einer Sorte nimmt und keine andersfarbigen Blüten dazustellt. Veilchen zum Beispiel wirken am hübschesten als kleine Sträuße im Kranz ihrer eigenen dunkelgrünen Blätter; dadurch präsentieren sie sich in einer Vase so, wie sie auch im Wald wachsen.

Lila Blumen gibt es als Schnittblumen das ganze Jahr hindurch. Der Frühling bringt *Crocus tomasinianus* und *Iris reticulata* sowie Veilchen, Stiefmütterchen und Anemonen. Im Sommer folgen dann der tieflila Gartenflieder, Heliotrop, Glockenblumen, Lupinen und Rittersporn, im Spätsommer noch *Buddleia davidii* – auch bekannt als Schmetterlingsstrauch.

Dieses relativ strenge Arrangement besteht aus Akanthusblüten, den leuchtendgrünen Dolden der Fetthenne (die gepflückt wurden, noch bevor sie im Spätsommer rosa waren), wildem Hafer und einem silbrig graugrünen Artischockenblatt. Der Akanthus wirkt fast wie eine Skulptur, ein Eindruck, der durch sein Königspurpur noch unterstrichen wird.

Links: **Dieser fröhliche Strauß wurde aus lilarosa Astern, Dahlienknospen, kleinen Beetnelken und drei verschiedenen Arten leuchtendgrüner Blätter komponiert – Henne mit Küken, duftende Geranie und Frauenmantel. Wie bei den anderen beiden Arrangements hat auch hier das Laubwerk einen deutlichen Einfluß auf die Intensität des Lila.**

Die ins Violett spielenden lila Tulpen werden durch weißen Flieder besonders hervorgehoben, der andere Farbtöne satter, lebhafter und romantischer erscheinen läßt.

DIE ANMUT VON BLAU

Menschen, die Blau für eine kalte Farbe halten, vergessen dabei das Blau eines hochsommerlichen Himmels. Dieses frische Sommerblau ist nämlich eher sonnig als kühl. Bei Vergißmeinnicht und Jungfer im Grünen finden wir dieselbe leuchtende Wärme.

In der Sprache der Innenarchitekten sind viele Blautöne nach Edelsteinen benannt. Die Farbpalette der Natur dagegen zeigt uns kein Türkis, Aquamarin, Lapislazuli oder Saphirblau, sondern die verschiedenen Schattierungen von Kornblumen, Immergrün, Enzian, Trauben- und Sternhyazinthen und dem blauen Mohn aus dem Himalaya, *Meconopsis betonicifolia*, des weiteren die Blautöne von Lupinen, Stauden- und Sommerrittersporn und Skabiosen. Wie am Himmel gibt es auch bei blauen Blumen, je nach dem Flor ihrer Blütenblätter, unzählige Hell-Dunkel-Variationen. Das ist besonders deutlich bei den verschiedenen Blautönen innerhalb einer einzigen Gattung zu erkennen, etwa beim Rittersporn. Ein einfarbig blauer Strauß kann alle Schattierungen zwischen dem tiefsten Kobaltblau und dem blassesten Azur enthalten.

Mit Violett zusammen bekommt Blau einen Stich ins Lila, was man gut in einem gemischten Anemonenstrauß feststellen kann. Graue Blätter steigern die Leuchtkraft von Blau, und violettblaue Blumen werden durch einen Tupfer Lindgrün zusätzlich belebt. Graugrünes Laub bringt waschechtes Blau, wie das von

Dies ist die herkömmliche Art, Rittersporn zu präsentieren, nämlich als hoch aufragende Blütenähren (zum Vergleich das eher ungewöhnliche Arrangement auf der gegenüberliegenden Seite ganz rechts). Die Lilien 'White Lady' und die verstreuten Sternchen der *Brodiaea* machen das Blau noch klarer; würde man denselben Rittersporn zum Beispiel mit Schmucklilien zusammenstellen, so nähme er ein gewittriges Lila an.

Katzenminze, Borretsch und Kornblumen, zum Strahlen, während lebhaftere Grüntöne es schwer haben, sich daneben zu behaupten. Der Kontrast zwischen Blau und Gelb oder Blau und Orange wirkt besonders intensiv, wenn von beiden Farben dieselbe Anzahl in einem Strauß ist. Eine Farbe sollte in mehreren Schattierungen vertreten sein.

Gleich große Mengen von reinem Blau und Rot ergeben kein friedliches Gespann. Die lebhafte Konkurrenz von roter Indianernessel und blauem Borretsch, frisch duftend aus dem Kräutergarten, sollte durch silbergrünes Heiligenkraut gemildert werden.

Mit blaugrünen und grauen Blättern kann man blaue Blumen in ein harmonisches Gleichgewicht bringen und sie zu einem Meer aus wechselnden Blautönen arrangieren – zum Beispiel die dekorativen Blätter und Brakteen der Stranddistel mit Schmucklilien und den blaugrauen Dolden des Schmucklauchs.

Optisch ist Blau eine zurückhaltende Farbe; sie scheint sich vom Betrachter zu entfernen. Diesen Effekt kann man ausnutzen, indem man blaue Blumen auf einem Fensterbrett ganz nah an die Scheibe rückt, so daß der Blick nach draußen in den Garten gelenkt wird.

Blumensträuße in Blau und Weiß kommen noch besser zur Geltung, wenn man sie in blauweiße Porzellangefäße stellt. Das berühmte *chambre bleue* von Madame de Rambouillet aus dem Frankreich des 17. Jahrhunderts ist eines der klassischen Beispiele für diese Farbkombination. Weiße Lilien waren dort sehr beliebt. Dieser Salon spielte, ebenso wie die holländischen Blumengemälde derselben Epoche, eine maßgebliche Rolle für die neue Mode, Innenräume mit Schnittblumen zu dekorieren.

Blau ist leuchtend und klar, eine Farbe, die auch dann noch intensiv wirkt, wenn sie lila oder violett überschattet ist. Die Blautöne in diesem Arrangement aus Skabiosen, Kornblumen und blühender Minze haben die strahlende Helligkeit eines Sommerhimmels. Der schlichte Kelch und die flache Glasschale sind für diesen Standort genau das Richtige, um das Sonnenlicht einzufangen.

Unten: **Weniger ist mehr bei diesem kleinen Bukett aus blauen Rittersspornblüten und schilfartigen Gräsern. Rittersporn wird gewöhnlich als Ganzes und nicht so sehr wegen der Schönheit seiner einzelnen Blüten wahrgenommen; dieses bescheidene Arrangement stellt das Gleichgewicht wieder her. Farblich wurde das Spektrum hier auf kobaltblaue Töne beschränkt, die man in verschiedenen Abstufungen bei einer einzigen Pflanze findet.**

DAS FRISCHE GRÜN

Grüne oder grün gemaserte Blumen wirken zarter als Laubwerk, und man verwendet sie am besten ohne zusätzliche grüne Blätter. Eine ideale Kombination ist das gefiederte, ins Rosa spielende Graugrün von wildem Hafer zusammen mit Sternblumen, deren seidige rosa Blütenblätter leuchtend grün geädert sind.

In den Landschaften der gemäßigten Klimazonen ist Grün die vorherrschende Farbe. Grüne Blumen sind allerdings ungewöhnlich und werden als Kuriosität gezüchtet. Ihre besondere Wirkung entfalten sie besser für sich allein als zum Beispiel in Verbindung mit ihrer Komplementärfarbe Rot. Man kann aber auch in gemischten Sträußen einen Akzent damit setzen, um andere Farbtöne zu beleben. Die köstliche Eigenart dieser Blüten geht leicht verloren, wenn man sie mit grünem Laub kombiniert. Manche grünen Blumen kann man mit den silbrigen Blättern des Greiskrauts oder mit blaugrün belaubten Weinrutenzweigen günstig betonen, aber meistens wirken sie am besten ohne zusätzliches Blattwerk.

In einem farbig grünen Blumenstrauß kann es viele verschiedene Schattierungen geben. Blumen mit dem Namensanhängsel 'viridis' sind von leuchtendem Apfelgrün – zum Beispiel die grünen Glocken des falschen Nieswurz *(Veratrum viride)*. Auch vom Fuchsschwanz, normalerweise rot, gibt es eine smaragdgrün blühende Varietät, *Amaranthus* 'Viridis'. Manche Sorten des Ziertabaks, *Nicotiana*, haben im Hochsommer lindgrüne Blüten; später gibt es dann die grüne Zinniensorte 'Envy'. Auch mit dem Schneeball *(Viburnum opulus)* setzt man einen subtilen Grün-Akzent. Einige Blumen, darunter die Wolfsmilcharten *Euphorbia robbiae* und *wulfenii*, blühen gelblichgrün.

In der Gattung *Helleborus* gibt es das ganze Jahr hindurch grün blühende Pflanzen. Manche Nieswurzarten weisen silbrige Grüntöne auf, ähnlich denen von „winzigen grünen Seerosen", wie Vita Sackville-West feststellte. Dann gibt es die untertassengroßen, lindgrünen Blüten des *H. corsicus*, die zitrusgrünen des *H. cyclophyllus*, den im Frühjahr blühenden *H. foetidus* und den *H. viridis*, der die grünsten Blüten von allen hat. Wichtig ist auch die Muschelblume, deren an schlanken, grünen Stielen wachsende papierdünne Glöckchen für olivgrüne Tupfer sorgen; das gilt auch im Winter, da sie sich gut trocknen läßt und ihre Farbe behält.

Im Hochsommer, wenn der Garten in den Sonnenuntergangsfarben der einjährigen Blumen zu vibrieren scheint, bringen die sanfteren Töne grüner Blüten einen Hauch frische Luft ins Haus. Und im Winter, wenn draußen ein eher düsteres Grün vorherrscht, wirken grüne Blumen ebenso belebend.

Rechts: **Ein Arrangement nur aus grünen Blumen wirkt ebenso reizvoll wie ungewöhnlich. Dieses auf einem niedrigen Tisch angeordnete Stilleben präsentiert in der Hauptrolle die Schopflilie, deren Blüten in Büscheln um einen hohen Schaft wachsen. Grüne Muschelblumen, einige Mohnkapseln, ein paar grüne Hortensienblüten und die smaragdgrüne *Amaranthus* 'Viridis' tragen mit verschiedenen Formen und Farbschattierungen das Ihre zum Gesamteindruck bei.**

BLATTWERK

Blattwerk ist immer in Hülle und Fülle vorhanden, selbst wenn die Jahreszeit sonst nichts hergibt. Beim Floristen bekommt man auch im Winter Efeuranken und die glänzend grün belaubten Zweige von Stechpalmen, Lavendelheide, Osmanthus und Escallonia. An den Sträuchern und Bäumen im eigenen Garten finden wir ebenfalls ein reichliches Angebot, und außerdem können wir noch die Blätter von Zimmerpflanzen zum Schmuck von Blumenarrangements verwenden.

Der folgende Abschnitt zeigt, wie sehr es sich lohnt, Blätter nicht nur als Lückenbüßer für Blumen, sondern ihrer eigenen, besonderen Schönheit wegen zu nutzen. Die überraschende Vielfalt ihrer Farben, Formen und Maserung stellt in jedem Fall eine Bereicherung dar.

Draußen verliert sich die Schönheit eines einzelnen Blattes in der Masse; drinnen jedoch bemerkt man, wie stark Blätter in Größe, Form, Struktur und Farbe variieren. Kreative Arrangements bestehen deshalb nicht einfach aus einer Anhäufung von Grün, sondern zeigen die individuellen Eigenarten der verschiedenen Blattsorten. Hier wurde ein Gleichgewicht zwischen gedrungenen Funkienblättern und Spieren (ganz links), schlanker Kermesbeere und Bergenienlaub (Mitte) sowie *Stephanandra* (ganz rechts) hergestellt. Eine Hortensienblüte belebt das Grün des Blattwerks. Der Gesamteindruck ist der eines Wechselspiels von Licht, Schatten und Bewegung.

DIE ERSTEN FRÜHLINGSBLÄTTER

Wenn man knospende Blätter ins Haus holt, entfalten diese sich auch dann schon, wenn draußen noch eisiger Winter herrscht. Zunächst hängen sie noch zitternd an ihren Zweigen, wie Schmetterlinge, die sich eben entpuppen. Sie kommen drinnen am besten auf einem Fensterbrett zur Geltung, wo Licht auf sie fällt. Gewöhnlich genügen ein oder zwei Zweige, die man von Bäumen oder Sträuchern im Garten abschneidet, wo sie nicht fehlen; man kann sie natürlich auch beim Floristen kaufen (praktische Ratschläge für das Antreiben von Frühlingszweigen finden Sie auf Seite 186).

Favoriten für winterlichen Zimmerschmuck sind die Zaubernuß mit ihren goldenen Blüten, die den ganzen Raum mit Duft erfüllen, die Weidenzweige der *Salix hastata* mit ihren pelzig grauen Knospen und die der *Salix daphnoides* mit den grauen Kätzchen, die sich später golden färben.

Wenn ein Strauß überwiegend aus Zweigen besteht, so ist es ihre Form, die zählt, nicht die Menge. Der Kontrast zwischen den kahlen Stielen und den jungen Knospen hat eine eindringliche Wirkung und sollte in Glasbehältern präsentiert werden, damit die Linienführung im Ganzen zur Geltung kommt. Schlichtheit wirkt am besten.

Zum Teil liegt der Reiz der ersten Frühlingsblätter in ihrer Vergänglichkeit – in den farblichen Veränderungen, die sie durchlaufen, bis sie ihre sommerliche Einheitlichkeit erlangen. Die durchscheinenden Rosatöne der Buche (*Fagus sylvatica* 'Riversii') und der Zierkirsche verwandeln sich schließlich in kräftiges Lila. Die zunächst roten Blätter der Lavendelheide werden erst golden, dann grün. Auch das goldene Ahornlaub wird bis zum Hochsommer allmählich mattgrün. Das gefiederte, im Frühjahr rosiglila Blattwerk der *Astilbe* x *arendsii* wird grün, wenn die ersten Blüten aufbrechen. Die Funkie (*Hosta fortunei* 'Albopicta') ist ursprünglich lindgrün und smaragd gestreift, später dann blaßgelb und dunkelgrün. Die Blätter des *Philadelphus coronarius* 'Aureus' sind von lebhaftem Gelb und vertiefen sich allmählich zu Grün.

Links: **Als dezenter Schmuck für die Wohnung hat dieses Arrangement aus grünem und kupfernem Buchenlaub eine duftige Zartheit, die man in den gestutzten Hecken von Vorortgärten nicht findet. In der höchsten Vase stehen Zimmerkalla, Azaleenknospen und ein paar Exemplare der *Euphorbia wulfenii*, während im Vordergrund weißer Flieder und Schneeball die Komposition bestimmen. Ihre kompakte Form verhindert, daß die Blätter im Hintergrund zu spärlich wirken.**

Dieser hohe Glaszylinder enhält einige schön geformte Vogelbeerzweige. Anstatt sie unten mit dem Hammer zu zerdrücken, um die Wasseraufnahme zu fördern, habe ich die holzigen Stiele in gleichmäßigen Abständen bis zu fünf cm hoch eingeschnitten. Die Vogelbeere hält sich im Wasser gut.

GRÜNSCHATTIERUNGEN

Grünes Laub in einem Blumenarrangement bringt einen Innenraum der Natur näher. Außerdem wirkt grüne Farbe beruhigend. Das ist nicht nur eine volkstümliche Weisheit, sondern eine physiologische Tatsache, da das Auge den Blick nicht justieren muß.

Im Farbspektrum zwischen Blau und Gelb liegend, kann das Grün von Blättern der einen oder der anderen Seite zuneigen. Auf alten Wandteppichen und anderen Textilien sind die Blätter häufig blau, weil die ursprüngliche Grünfärbung durch eine Mischung aus gelben und blauen Farbstoffen zustande kam und die Gelbtöne mit der Zeit verblichen sind. Will man in seiner Wohnung den Eindruck einer prachtvollen Tapisserie heraufbeschwören, so gibt es zahlreiche Pflanzen, deren Blätter die erforderlichen Schattierungen haben – zum Beispiel Eukalyptus, Olive, die Weinraute 'Jackman's Blue' und Salbei. Ihr Blaugrün läßt benachbarte Farben vergleichsweise leuchtender wirken. Neben reineren Grüntönen sehen Blüten leicht rotstichig aus; mit blaugrünen Blättern vermeidet man diesen Effekt.

Imitieren Sie die Vielfarbigkeit der Natur durch eine Mischung verschiedener Grünschattierungen. Kombinieren Sie blaugrüne Spezies mit lindgrünen Farnen oder den gelblichgrünen Blüten des Ziertabaks. Benutzen Sie das dunkelgrüne Laub von Rosen – wie etwa das der *Rosa rubrifolia (glauca)*, die wolligen, kleinen, graugrünen Blätter der Strohblume oder glänzendes Immergrün-Blattwerk für ein Wechselspiel aus Farben und Strukturen.

Nur wenige Farben wirken als monochrome Arrangements so geglückt wie ruhige Grüntöne. Der ganz in Grün gehaltene italienische Renaissance-Garten wirkt inspirierend für verschiedene Grünschattierungen, die durch Variationen in Muster und Form noch betont werden. Hier finden wir die Zypresse, die sich als dunkelgrünes Ausrufezeichen über hellere Buchsbaumreihen erhebt, oder rundblättrige, graugrüne Olivenbäume in der Umklammerung von Glyzinienranken. Diese phantasievolle Kombination kann man im häuslichen Maßstab imitieren, indem man den italienischen Formalismus durch eine ungezwungenere Handhabung ersetzt. Für Zusammenstellungen, die die Wildnis der Natur suggerieren sollen, eignet sich am besten das Grün von Wiesen und Feldern. Sehen Sie sich insbesondere nach dem laubreichen Gemeinen Kerbel um, nach dem lederigen kleinen Bronzeblatt und nach grünem Kriechefeu. Halten Sie auch nach dem Frauenmantel Ausschau, in dessen schirmförmigen Blättern sich das Regenwasser sammelt.

Blühende Sträucher werden allzu häufig nur wegen ihrer Blüten geschnitten. Hier dominiert jedoch das Laub in vielen verschiedenen Grünschattierungen. Rosa Glockenblumen, Kolkwitzien und Rosen steigern die Wirkung der blaßrosa Blüten an den langen, gebogenen Zweigen einer *Deutzia*, gegen die sich der einzelne Hartriegelzweig (*Cornus alba* 'Elegantissima') abhebt. Die goldgefleckten Hartriegelblätter sind sonniger Mittelpunkt dieses Straußes und werden durch die goldgrünen Dillblüten im Vordergrund zusätzlich betont. Ergänzt wird das Arrangement durch die schön geformten, belaubten Zweige des Pfeifenstrauchs (von denen sonst allzu oft die hübschen, ovalen Blätter entfernt werden, damit die duftenden Blüten mehr Wasser bekommen) mit seinen zarten roten Stielen.

Grün wird selten als einzige Farbe verwendet – eigentlich schade, denn ein Arrangement ganz in Grün kann sehr gut aussehen. Diese grüne Fetthenne mit ihren wächsernen, gezähnten Blättern und den graugrünen Blütendolden wirkt fast wie eine Plastik. Ein paar Funkienblätter legen sich schützend darüber und liefern mit ihrer goldgrünen Äderung einen fein abgestimmten Kontrast. Die beiden schwarzweißen Vasen verstärken den dramatischen Effekt.

VARIATIONEN IN FARBE UND FORM

Blätter können in den unterschiedlichsten Farben und Mustern geädert, getüpfelt, schattiert, gesprenkelt, verziert oder marmoriert sein. Botaniker bezeichnen diese eigenartigen Muster als „Flecken und Male", als handle es sich um eine Krankheit. Für den Blumenfreund hingegen bieten diese Zeichnungen eine Vielzahl ästhetischer Möglichkeiten.

Panaschierte Blätter sollte man in großen Sträußen aufstellen, anstatt sie einzeln zu verwenden. Wählen Sie einen Platz mit viel Licht, damit die Maserungen gut zur Geltung kommen, und den geeigneten Hintergrund: Der in modernen Wohnungen übliche strukturierte Farbanstrich ist hierfür das Richtige.

Kombinieren Sie verschiedene Spezies, deren Besonderheiten hinsichtlich Farbe oder Struktur sich ergänzen, zum Beispiel das grüngoldene Laub des *Elaeagnus pungens* 'Maculata' mit großblättrigem Efeu (*Hedera colchica* 'Dentata Variegata'), ebenfalls in Grün und Gold – und dazwischen ein paar Zweige panaschierter Minze. Blätter mit goldenen Tupfern vermitteln eine überzeugende Illusion von Licht und Schatten.

Auch Zimmerpflanzen können buntes Laubwerk liefern, etwa die rot-grün marmorierte Buntwurz oder die pflaumenfarben und grün gemusterten Blätter der *Begonia rex* mit ihren metallisch schimmernden Härchen. Viele Blätter von Zimmerpflanzen bekommen im Wasser Wurzeln; Begonien, Efeu, Buntnessel, Fleißiges Lieschen und Geranien lassen sich so auch schnell vermehren.

Manches Laub schätzt man ebenso wegen seiner auffälligen Form oder Struktur wie wegen seiner Färbung. Die stacheligen Zweige der Berberitze, die tief eingekerbten Blätter des Holunders oder das dünn geschlitzte, seidig behaarte Laubwerk des Beifuß sind nur einige Beispiele von vielen. Lassen Sie sich auch nicht die ungewöhnlichen Möglichkeiten von Ziergemüse entgehen, die zum Beispiel hier im mittleren Bild gezeigt sind.

Links unten: **Dieses Blatt-Trio in einem offenen Tintenfaß könnte gut auf einem Schreibtisch stehen. Die plastischen, smaragdgrünen Blätter stammen von einer *Hosta fortunei* 'Albopicta'. Im Verlauf des Sommers wird der grüne Rand immer dunkler und das leuchtende Gelb immer blasser. Den perfekten Farbkontrast zur goldenen Aura der Funkie liefert die pflaumenfarbig geäderte *Caladium bicolor*, ein auffallend leuchtendes Blatt aus Südamerika. Die frischen, grünen Blätter einer Henne mit Küken ergänzen diese Zusammenstellung.**

Unten: **Hier wurde Blattwerk in allen möglichen Farben – Blautöne, Grün, Grau und Violett – kombiniert. In der hohen Vase stehen graziös geschwungene Eukalyptuszweige zusammen mit Beifuß und frischer grüner Minze, die an den Spitzen hellviolett blüht. Die Vertikale wird durch hübsche weiße *Eustomia*-Blüten betont. Das Mauve wiederholt sich bei dem Zierkohl im Vordergrund, dessen Farbe durch das weiße *Helichrysum* im Töpfchen daneben hervorgehoben wird.**

Hier wurde Knöterich *(Polygonum)* in eine reich verzierte, kugelförmige Vase gestellt, deren weite Öffnung die herabhängenden Zweige gut abstützt. Knöterich ist eine kräftige, wuchernde Kletterpflanze, die man im Herbst wegen ihrer weißen Blüten schneidet. Wie von allen Kletterpflanzen braucht man für einen Strauß eine ganze Menge davon. Die riesigen Blätter stammen von einem Mammutblatt.

FARNE UND GRÄSER

Farne und Gräser zeichnen sich durch ungehemmtes Wachstum und elegante Linien aus – Qualitäten und Möglichkeiten, die sich unter Blumenfreunden leider immer noch nicht genügend herumgesprochen haben. In Innenräumen findet man Gräser meistens in getrockneter Form, gelegentlich mit Gold- oder Silberspray überzogen, als Beigabe zu knisternden dürren, getrockneten Blumensträußen. Vermeiden Sie solch traurige Anblicke: verwenden Sie statt dessen frische Gräser, eventuell in Verbindung mit frisch gepflückten Blumen.

Ziergräser mit ihren langen Stengeln werden wegen ihrer Zartheit und Anmut geschätzt. Das Zittergras, das sich im leisesten Lufthauch bewegt, und das geschwungene, graugrüne Schillergras sind besonders reizvoll. Ein Favorit der Jahrhundertwende war das Pampasgras mit seinen weißen, gefiederten Rispen.

Auch Farne eignen sich gut als Zimmerschmuck. Nehmen Sie einen Topf mit Farn als Abschluß einer Reihe mit Blumen gefüllter Vasen, oder stellen Sie einen großen Kübel so auf den Boden, daß ein Farnwedel den Rahmen für einen Blütenstrauß abgibt.

Bevor es die Zentralheizung gab, mußten Farne in Wintergärten untergebracht werden, aber in den heutigen, zentralbeheizten Räumen gedeihen sie recht gut, vorausgesetzt, sie bekommen genügend Feuchtigkeit. Ein Badezimmer ist der ideale Aufenthaltsort für den schwarzstieligen Frauenhaarfarn und für Farne mit lanzettlichen Blättern, etwa den Nestfarn *(Asplenium nidus)*.

Auch durch Bambus bekommem Arrangements eine elegante Silhouette. Es gibt viele einheimische Arten, die man im Garten schneiden und als Zimmerschmuck verwenden kann.

Links oben: **Gräser aus einem verwilderten Garten liefern verschiedene Farben und Strukturen, die den Blick auf die einzelnen Details des Arrangements lenken.**

Oben: **Vor einem abstrakten Aquarell in gedämpften Farben wirken diese Bambuszweige mit graphischer Unmittelbarkeit. Der Bambus wurde so aufgestellt, daß die schrägen Linien der Blätter dieselbe Richtung haben wie die strahlenförmigen Pinselstriche auf dem Bild.**

Links: **Ein paar Grashalme in einem ungewöhnlichen Gefäß können vor einem schlichten dunklen Hintergrund sehr wirkungsvoll aussehen und lenken unsere Aufmerksamkeit auf den reifenden Samen. Mit der schlanken Zartheit der hohen Gräser kontrastiert hier die Hortensienblüte in einer durchsichtigen Glasschale.**

Unten: **Geschliffenes Mattglas wurde mit dem feinen Gespinst eines Frauenhaarfarns kombiniert. Das fast undurchsichtige Glas läßt eben noch die Umrisse der schlanken Stengel erkennen und unterstreicht die Zartheit der Farnwedel besonders deutlich.**

GRAUSCHATTIERUNGEN

Graues Laub wirkt meistens metallisch und wie poliert – mit einem Hauch Silber, Blei, Zinn oder Stahl, manchmal auch Asche. Anders als grüne Blätter sehen monochrome Grautöne düster aus. Sie bilden jedoch gute Hintergründe für andere Farben, da sie bunte Blüten und den Farbton des Behälters im Vergleich leuchtender erscheinen lassen. Diese Methode ist bei blassen Blumen besonders wirkungsvoll. Christrosen, Margeriten, Chrysanthemen und Zinnien sehen mit grauem Laub viel edler aus, es bildet einen interessanten Gegensatz zu ihrer unschuldigen Heiterkeit. Auch der leicht giftige Farbton lindgrüner Blüten, etwa von Nieswurz oder Wolfsmilch, wird durch Grau hervorgehoben.

Der weiße Garten von Sissinghurst ist auch hier eine fruchtbare Quelle der Inspiration. Die Unterpflanzung besteht aus grauem Heiligenkraut, Greiskraut, Kamille, Aschenpflanze und blaugrauer *Hosta sieboldiana*. Zwischen ihrem silbrigen Laub sehen die weißen und cremefarbenen Blumen besonders anziehend aus. In der Wohnung wirkt eine solche Kombination aus Grau und Weiß ebenso hübsch. Heiligenkraut, Greiskraut und pelzig grauen Ziest kann man gut mit cremefarbenen Pfingstrosen und weißen Hybridrosen (zum Beispiel der Sorte 'Pascali') mischen, mit Nachtkerzen und weißen, goldgeränderten Schwertlilien.

Manche graublättrigen Pflanzen haben ein skulpturähnliches Aussehen, das gut zu einer modernen Wohnungseinrichtung paßt. Dazu gehören Stranddistel, Artischocke und Eselsdistel. In großen Behältern auf dem Fußboden präsentieren sie würdevoll ihren stattlichen Wuchs.

Bei grauem Laub spielt die Beleuchtung eine ganz wichtige Rolle. In einer dunklen Ecke oder in der Dämmerung bekommt es einen geheimnisvollen violetten Schimmer, in der Mittagssonne dagegen glitzern graue Blätter metallisch wie Stahl.

Grau macht andere Farben neben sich intensiver. Diese *Crocosmia* wird durch den Kontrast mit grauem Greiskraut zusätzlich belebt. Außer Orange nehmen die grauen Blätter einen deutlich silbernen Ton an. Ersetzen Sie die orangefarbenen Blumen durch scharlachroten Salbei, so wirkt das Grau eher grün; neben Violett würde es ins Gelbliche spielen.

Rechts: **Dieses Arrangement zeigt feine Kontraste innerhalb des Blau-Grün-Spektrums. Eukalyptus, die Weinraute 'Jackman's Blue' und die violette Stranddistel wirken durch die Beifußblätter und die lindgrüne *Euphorbia wulfenii* dunkler. Keiner der hier vertretenen Blautöne hat die Leuchtkraft blauer Blumen, sondern wirkt rauchig mit einer Spur ins Schieferfarbene.**

BEHÄLTER

Blumen verwandeln sich mit ihren Behältern. Farbe und Struktur der Blüte werden ebenso davon beeinflußt wie die schwer zu definierende Wirkung auf die Atmosphäre des Raumes. Die künstlerische Gestaltung mit Blumen steht und fällt mit der Verbindung von Pflanze und Gefäß.

Der folgende Abschnitt zeigt, mit wieviel Geschmack und Phantasie Tricia Guild von den verschiedensten Behältern Gebrauch macht – nicht nur Schalen und Vasen aus Keramik und Glas, sondern auch weniger gebräuchliche Gefäße wie Körbe, Teekannen, alte Arzneiflaschen, Kochtöpfe und sogar Aquarien. Das Sammeln von Behältern kann zu einer Passion werden. Dabei sind den Möglichkeiten keine Grenzen gesetzt: ein Experte mit Phantasie kann alles verwerten.

Eine so ausgefallene Sammlung von Gefäßen wie diese – mit Zickzackmuster, Kringeln, Tupfern und Kreuzen – braucht einfache, aber ausdrucksstarke Blumen als Begleitung. Indem man die Stiele kürzt, lenkt man die Aufmerksamkeit auf die Krüge mit den leuchtend frischen, korallenroten Amaryllisblüten. Bei längeren Stielen wäre die strahlende Farbe zu weit von den Behältern entfernt, um zur Geltung zu kommen. Die Einbeziehung zusätzlicher leerer Gefäße in das Arrangement ist äußerst wirkungsvoll.

GLAS

Stellen Sie sich einen einfachen cremeweißen Krug voller mattrosa und aprikosenfarbener Rosen vor. Die Kombination von schlichtem Keramikgefäß und samtig glänzenden Blüten könnte fast einem Vuillard-Gemälde entnommen sein. Wenn Sie dagegen die Stiele derselben Rosen kürzen und den Strauß in einem geschliffenen Glaskelch auf einen blankpolierten Holztisch stellen, ist der Effekt wieder ein ganz anderer. Die Blumen funkeln so klar wie das Glas, weil der Kontrast zwischen den verschiedenen Farben durch das Dunkelgrün der Stiele jetzt stärker hervortritt.

Eine gekünstelte Wirkung vermeidet man am besten dadurch, daß man von der natürlichen Beschaffenheit der jeweiligen Blumen ausgeht. Glasgefäße, die nichts verbergen, machen den Gebrauch von Behelfsmitteln wie Drahtgeflecht, Einsätze zum Aufspießen oder wasserabsorbierendem Schaumstoff unmöglich. Statt dessen muß man die Blumen so aufstellen, wie sie gewachsen sind – ob nun in biegsamen Ranken wie Kresse oder Clematis oder steif und gerade wie Hyazinthen oder Iris. Die Art der Präsentation wird von der spezifischen Eigenart der Pflanze bestimmt.

Oben: **Vier kleine Gläser enthalten Blumensträußchen in all den Gelb- und Lindgrüntönen, die das Frühjahr bietet: Narzissen, Schneeball, Möhrenblüten, *Helleborus foetidus* und *Euphorbia robbiae*.**

Rechts: **Große Glasbehälter müssen nicht mit Blumen vollgestopft werden. Versuchen Sie es mit wenigen Blüten, variieren Sie die Länge und wählen Sie spezielle Farben aus. Hier wurden 'Carte-blanche'-Rosen so gekürzt, daß sie sich als weiße Krause um den Rand des Gefäßes legen, daneben gefleckte Lungenkrautblätter. Drei rosa Levkojen überragen das Arrangement.**

Im Handel findet man eine Menge verschiedener quadratischer oder zylindrischer Behälter aus Glas. Ein solches Gefäß mit einem Durchmesser von 17 bis 20 cm, das bis zu drei Dutzend Blumen faßt, ist besonders zweckmäßig. Lassen Sie aber ruhig Ihrer Phantasie freien Lauf – ein Aquarium oder Goldfischbecken aus der Zoohandlung könnte unter Umständen auch das Passende sein.

Auf jeden Fall sollte der Hals des Behälters so beschaffen sein, daß der Strauß gut darin steht; ist er zu weit, fallen die Blumen lose auseinander, ist er zu eng, können sie sich nicht in ihrer natürlichen Anmut entfalten. Außerdem muß das Glas tief genug sein, obgleich man auch die Stiele kürzen könnte. Die Öffnung des Gefäßes sollte mindestens den halben Durchmesser des Straußes haben, so daß die Blumenstengel nicht zusammengequetscht werden, sondern sich gegenseitig stützen und dennoch etwas Raum zum Hin- und Herbewegen bleibt. Tulpen zum Beispiel wachsen im Wasser weiter und brauchen dafür Platz. Die Stiele müssen natürlich alle bis ins Wasser reichen.

Da in Glasbehältern alles zu sehen ist, müssen die Blätter unterhalb der Wasserlinie bis auf ein paar abgezupft werden. Denken Sie daran, daß Sie holzige Stiele etwa fünf Zentimeter weit einschneiden, damit das Wasser besser angesaugt werden kann; Sie können sie auch zerdrücken, aber das würde häßlich aussehen. Sortieren Sie unförmige Stengel aus. Nehmen Sie dann den Strauß in die Hand und schneiden die Stiele entsprechend der Tiefe des Glases alle gleichmäßig ab. Lassen Sie die Blumen locker in das Gefäß gleiten, so daß sie sich dabei ganz von selbst zu einem natürlichen Muster anordnen.

Bei Zweigen mit vielen Blüten, wie etwa Gartenflieder oder Rhododendron, benötigt man einen Glasbehälter mit weiter Öffnung. Wenn sie in großen Mengen aufgestellt werden, brauchen sie Laub zwischen sich, um sich voneinander abzusetzen; entfernen Sie zur besseren Wasseraufnahme aber unten an den Zweigen einige Blätter.

Wenn schwere Zweige zur Seite hin umkippen, lassen Sie sie so, und füllen Sie den Strauß in der Mitte mit anderen Pflanzen auf – mit schlanker, hochwüchsiger grüner Wolfsmilch oder mit grünlichgelb blühender Nieswurz.

Behälter aus Glas verleiten weniger als andere zur Verwendung künstlicher Hilfsmittel, in die Blumen manchmal eingezwängt werden. Ich habe hier ein durchsichtiges Glasgefäß benutzt und das Arrangement von der natürlichen Form der Blumen bestimmen lassen. Die fleischigen Stiele von 'Stargazer'-Lilien verflechten sich unterhalb der Wasserlinie mit den holzigen Zweigen von weißem Flieder und Eiche. Locker dazwischengestellt wurden goldgrüne *Euphorbia polychroma*, im Hintergrund grüne *Euphorbia robbiae*. Bei Behältern mit einer so weiten Öffnung muß man die Stiele oft ziemlich stark kürzen, damit die Blumen nicht hinauskippen.

GLAS

Oft erweist es sich als hilfreich, die Blumen über Kreuz zu stellen, so daß sich eine Art leichtes Netzwerk bildet, das dünnstielige Pflanzen zusätzlich stützt. Das gitterförmige Muster, das dadurch entsteht, wird im Glasgefäß zu einem reizvollen Teil der Gesamtkomposition. Dieser Effekt ist allerdings verdorben, wenn man das Wasser brackig und grün werden läßt. Glasbehälter mahnen sichtbar, das Wasser täglich zu wechseln.

Schließlich können Sie auch noch kleine Glasvasen benutzen, die eigentlich für einzelne Knospen gedacht sind, sich aber auch sehr gut für offene Blüten oder winzige Sträußchen eignen, die man in der ganzen Wohnung verteilen oder alle zusammen als Tischschmuck verwenden kann.

Ein dichtes Gewirr aus verschiedenen Farben wäre für das Glaskörbchen rechts auf dem Tisch unpassend gewesen und würde seine zarten Linien beeinträchtigen. Reizvoller ist dieser locker zusammengestellte Strauß, der von dem Glashenkel eingerahmt wird: Möhrenblüten, ein einzelner Wickenzweig und zwei Sauerampferblätter. In dem größeren Kelch sind blaue Jungfer im Grünen, Borretsch und Kornblumen mit Möhrenblüten kombiniert.

Rechts: **Glasgefäße für Blumen müssen nicht transparent sein. Hier steht links eine opalisierende Lalique-Schüssel als Behälter für das zarte Gespinst einer Wiesenraute *(Thalictrum)*. Eine Figurine und ein winziges Kaninchen im nachempfundenen Art-Nouveau-Stil machen das Arrangement zu einem Stilleben. Im durchsichtigen Gefäß rechts harmonieren Wicken aus dem Bauerngarten gut mit einem einzelnen Wiesenrautenzweig.**

EINFARBIGE KERAMIK

Farbe, Form und Struktur eines Keramikbehälters treten in einem Arrangement deutlicher hervor als durchscheinendes Glas. Da Keramik undurchsichtig ist, ist sie genau das Richtige für holzige Pflanzen, deren Stiele zur besseren Wasseraufnahme unten zerdrückt werden. Hohe Keramikvasen in einfachen Formen sind ideal für größere Zweige.

Historisch gesehen, waren Keramikgefäße von Anfang an als Einrichtungszubehör konzipiert und haben sich wenig verändert. Die *tulipères* des 17. Jahrhunderts waren aus Steingut, hatten vier Tüllen und wurden zu Pyramiden angeordnet. Die Schnabelvasen des 18. Jahrhunderts, die fächerförmig aufgestellt wurden, basierten auf den noch älteren, aus China stammenden, dünnhalsigen Flaschen für einzelne Blüten. Der englische Kunsttöpfer des Klassizismus Josiah Wedgwood fertigte Keramikkannen an, deren Deckel Löcher für Blumenstengel hatten. Heutzutage kann man jedes beliebige Gefäß verwenden, ob es nun ursprünglich für Blumen gedacht war oder nicht.

In Verbindung mit Terrakotta wirken Blumen besonders frisch, wie dieses Arrangement aus *Alchemilla mollis* und *Brodiaea*, die mit etwas lilaweißer *Astrantia* kombiniert sind, zeigt. Dazu paßt die Zimmerpflanze *Helxine soleirolii* in dem Blumentopf (links).

Keramikgefäße in Himmelblau und sanftem Grün intensivieren das Blau von Sommer- und Staudenrittersporn und verstärken das Grün von Nieswurz und Buche. Die rosa Pfingstrose hebt sich gegen die Orangenblume mit ihren glänzenden Blättern überraschend deutlich ab.

Einfarbige Vasen sind wohl die unkompliziertesten Blumenbehälter. In gedämpften Tönen ergänzen sie fast alle Blumen und die meisten Farbkombinationen gut. In hellem Beige, mit Alabaster- oder Marmorschattierungen oder einer Glasur in Mattgrün, Ocker, Grau oder Weiß passen sie sich jedem Hintergrund und jeder Blume an. In leuchtenden Farben eignen sie sich gut als Farbakzent.

Der spezifische Charakter eines Raums diktiert die Auswahl des Behälters. Wählen Sie erst den Standort und dann das Gefäß. Feines Porzellan wäre für Kornähren und Mohn auf einer Küchenfensterbank sicher zu elegant, duftende Levkojen dagegen würden in einem vornehmen Salon weniger passend in einem irdenen Krug als in einer Porzellanvase wirken.

Auch überraschende Kombinationen machen sich gut. So kann man die panaschierten Blätter von Begonien oder Buntnesseln in Keramiktöpfen zwischen ein Arrangement aus Schnittblumen stellen.

GEMUSTERTE KERAMIK

Links: **Bei diesen Vasen sind die rosa getupften Striche das farbliche Echo auf die rosa gefleckte Maserung der 'Rubrum'-Lilie und die ins Rosa spielenden Knospen von *Lilium regale*. Rosa Rittersporn und Katzenminze bringen die Proportionen des Arrangements ins richtige Gleichgewicht; in ihnen wiederholen sich außerdem die senkrechten Streifen auf dem Vasenpaar. (Die Vasen wurden von Janice Tchalenko hergestellt.)**

Unten: **Dieser Keramikbehälter ist zwar geformt wie ein normaler Blumentopf, wirkt jedoch mit seiner Bemalung in Weiß und Grau wesentlich individueller. Für einen so lustigen Topf braucht man auch fröhliche Blumen: muntere Gerbera in Rosa, Orange und Scharlachrot in einem improvisierten Strauß aus grünen Muschelblumen und Johanniskraut mit lila Beeren.**

Rechts: **Das massive Grau dieser Krüge und ihr schwarzes Muster würde alle Blumen erdrücken, die keine besonders ausgeprägte Farbe haben. Die korallenroten Amaryllisblüten passen gut, denn sie sind ausdrucksstark genug, um sich gegen die strengen Linien der modernen Keramik zu behaupten. Weißer, knospender Flieder und Vogelbeerzweige geben dem Arrangement eine zarte Note und sorgen dafür, daß es nicht zu pompös wirkt. Das Grau vertieft das Korallenrot der Blüten.**

In modern eingerichteten Wohnungen sieht man heutzutage selten gemusterte Vasen. Glas oder einfarbige Keramik sind weniger auffallend und deshalb gebräuchlicher. Dennoch trägt eine gemusterte Vase in der richtigen Form und am richtigen Platz mehr zur Ausschmückung eines Zimmers bei als eine einfarbige. Für einen Gartenblumenstrauß aus Pfingstrosen, Hahnenfuß, Nieswurz, weißem Schneeball und bunt gemischtem Laub ist ein dickbäuchiges, gemustertes Keramikgefäß ideal.

Bemalte Keramik hat eine lange Tradition. Kühn gemusterte Vasen aus dem alten Griechenland und Rom sowie etruskische Bas-relief-Urnen waren die Vorbilder des Neoklassizismus, als man Vasen mit Medaillons und Ornamenten aus Girlanden, Schleifen und Satyrmasken verzierte.

Der Jugendstil war die Blütezeit bemalter Hochglanzvasen, die in zarten Farben üppig mit schwertförmigen Blättern, Lilien, manchmal sogar mit Pilzen dekoriert waren. Die Vasen des Art Deco waren dann mit Blumen und Blättern in leuchtenden Farben bemalt und hatten eine schwarze Umrandung.

Zeitgenössische Keramikprodukte passen mit ihrer gemaserten oder gespritzten Glasur und mit ihrer ausgeprägten Form oft ebenso gut in eine mit Stilmöbeln wie in eine modern eingerichtete Wohnung.

BLAU-WEISS

Das blau-weiße Muster aus dem alten China erzählt die Geschichte vom Schicksal von Koong See, der Tochter des Mandarins: Von ihrem Vater gefangengehalten, entkommt sie im Frühling, als die Obstbäume knospen, über eine Brücke zu ihrem Geliebten Chang. Das Vasenpaar zeigt verschiedene Stationen der Legende und zeigt dementsprechend auch unterschiedliche Blumen – blauen Rittersporn und grünlichgelbe *Alchemilla mollis*. Die Ingwertöpfe daneben haben dieselbe Farbzusammenstellung, bei dem kleineren allerdings (mit den Kornblumen) ist sie auf reizvolle Weise umgekehrt: der Untergrund ist blau statt weiß.

Blau-weißes Porzellan sieht nicht nur als Eßgeschirr gut aus, sondern auch in Verbindung mit vielen Blumenarten. Alle Blauschattierungen – im Winter Anemonen, im Frühjahr Iris, Krokus, Trauben- und Sternhyazinthen, im Sommer Rittersporn, Kornblumen und Schmucklilien – passen gut zu blau-weißem Porzellan in den verschiedensten Formen und Mustern.

Blau-Weiß, eine Kombination, bei der man allzu oft ausschließlich an die Küche denkt, kann in jeder Umgebung phantastisch aussehen. Einen üppig mit Rosen gefüllten blau-weißen Krug kann man überall aufstellen – in einem Bauernhaus, zwischen eleganten Stilmöbeln oder in einem ganz modernen Appartement.

Blau-Weiß, das an die Ägäis mit ihren weißgetünchten Häusern oder an blaue, sonnige Sommerhimmel mit weißen Kumuluswolken erinnert, wirkt frisch, aber nie kalt. Lindgrüne Blüten und dunkelgrüne Blätter, Weiß und Gold sowie alle Rosa- und Rottöne sehen dazu ebenso gut aus wie andere Blau- und Lila-Schattierungen.

Große blau-weiße Ingwertöpfe sind die idealen Behälter für Äste und Zweige: für den graziösen Winterjasmin, die rotblühende Quitte, den goldenen Ginster, Hartriegel, gelben Ahorn, bronzenes Buchenlaub oder Weißdornbeeren.

Unten: **Die Töpferin Janice Tchalenko hat hier eine moderne Variante des Blau-Weiß-Themas geschaffen. Sie kombiniert blaue Linien, die sich gegenseitig überkreuzen, mit gelegentlichen olivgrünen Tupfern. Zusammen mit frischen Blumen treten die grünlichen Punkte deutlicher hervor, besonders betont durch das gelbliche Grün der *Alchemilla mollis.* Wildwachsende rosa Schafgarbe ergänzt das Limonengrün, und eine Schale mit mattgoldenen Blütenblättern setzt den Schlußpunkt in diesem Arrangement, dessen gleichmäßiges Muster nur einmal durch reines Weiß unterbrochen ist.**

Links: **Ein aprikosenfarbiges Muster zieht sich unten um diese Vase; darüber das gesprenkelte Blau-Weiß eines bewegten, hochsommerlichen Himmels. Die Anordnung der Blumen läßt an einen Horizont mit weit entfernten Bäumen denken. Blauer und weißer Rittersporn und junge Buchenzweige erheben sich über das Salomonssiegel, dessen kleine weiße Blüten von dunkelgrünen Blättern überschattet sind. Die kühlen Blau-, Weiß- und Grüntöne erzeugen das Gefühl, im Freien zu sein.**

METALL

Der Schimmer von Metall gibt einen eher zurückhaltenden Rahmen für Blumen ab und paßt in fast jede Umgebung. Ein mit Porzellan, edlem Glas und Silber gedeckter Eßtisch in einem Raum mit gerafften, schleifchenverzierten Vorhängen verlangt als Tischschmuck geradezu nach einem eleganten, silbernen Blumenbehälter aus dem 19. Jahrhundert. Am anderen Ende der Skala finden wir ein mit Wasser gefülltes Marmeladenglas, in einer Kupferschale versteckt, in deren Oberfläche sich locker über den Rand hängende Kresseblüten spiegeln; oder einen alten Zinnkrug, dessen metallischer Glanz genau die richtige Ergänzung für die herbstliche Reife scharlachroter Hagebutten und gelber Ahornblätter ist.

Verschiedene Metalle beeinflussen auch den Farbton der Blumen unterschiedlich. Silber läßt Lila und Rosa kühler wirken und kräftige Blautöne gedämpfter. In einem streng eingerichteten Raum sehen weiße Rosen in einer Silberschale etwas steif aus, die hellen Lavendel- und Rosatöne, das Dunkelrot und Cremeweiß von Gartenwicken dagegen sommerlich frisch.

Bronze und Kupfer haben einen wärmeren Schimmer. Eine Bronzeschüssel mit Vogel- und Rebenornamenten wirkt üppig und dekorativ. Eine flache Schale aus Bronze oder Kupfer läßt Schneebeeren und späte rosa Floribundarosen wie vom Feuer beschienen glänzen.

Selbst Blecheimer und Gießkannen aus verzinktem Metall können robuste, aber hübsche Behälter abgeben, wenn sie einen Farbanstrich haben. Blecherne Schalen, Wasserkrüge, Eimer und Kannen mit bunt aufgemalten naiven Motiven kann man gut für Margeriten, Mohnblumen, Gräser und Kornblumen verwenden.

Ganz links: **Die dunkle, gußeiserne Schale wirkt massiv und voller Spannkraft; sie braucht eine Ergänzung durch Blumen in frischen Farben, die sich gegen sie behaupten können. Hier sind Hortensien in Rosa, Blau und Weiß zusammen mit *Stephanandra*-Zweigen das reizvolle Gegenstück zur Strenge des matten Schwarz. In der Nahaufnahme (links) erkennt man die erstaunliche Feinheit des Gefäßes, das an den Seiten mit entzückenden Vogel- und Irisornamenten geschmückt ist. Die rosa und blauen Hortensien hängen wie eine schützende, farbige Laube darüber.**

Oben: **Für dieses ungewöhnliche Arrangement wurde ein alter Zinkkanister auf eine ungewöhnliche, aber durchaus passende Unterlage gestellt – ein Bord aus verchromtem Draht, dessen geometrisches Muster den Kontrast zur Kaktusdahlie liefert. Ergänzt wird die Dahlie durch ein paar *Stephanandra*-Blätter und *Hypericum*-Zweige, deren Beeren sich eben lila färben.**

KÖRBE

Ein Korb wirkt als Blumenbehälter auf reizvolle Weise zwanglos. In diesem Fall befindet sich das Wasser in einer dicken, steifen Plastiktüte, die mit Zwirn lose um die Blumenstengel gebunden wurde und von den Blüten verdeckt wird. Die Blumen lassen an ländliche Gärten denken – einjährige, violette und blaue Skabiosen, Hopfenblätter, *Hypericum*dolden und panaschierter Efeu. Dieser Strauß wäre auf einem Flurtisch der richtige Willkommensgruß.

Links: **Effektvoll sieht es aus, wenn man einen Korb so verschwenderisch mit Blumen füllt, daß sie in allen vier Himmelsrichtungen daraus hervorquellen. Hier finden wir Eukalyptus, Mimosen, Stranddisteln, *Protea* und, wegen ihres Duftes, blühende Minze. Lustig ist es, einen großen Strauß mit einem kleinen zu kombinieren, der den größeren noch üppiger erscheinen läßt, als er in Wirklichkeit ist. Deswegen wurde links neben dem Korb das kleine Glas aufgestellt, das ein paar Kornblumen, weiße Anemonen und Mimosen enthält.**

Unten: **Nackte Bretter geben einen natürlich wirkenden Hintergrund für diesen kleinen Korb ab, der mit einem frisch gepflückten Strauß aus Pfeifenstrauchzweigen, *Alchemilla mollis*, Fenchel und einer tiefblauen Kornblume gefüllt ist, die als Blickfang in die Mitte gestellt wurde.**

Vom praktischen Standpunkt aus muß ein Blumenbehälter den Pflanzen Nahrung bieten und sie zugleich stützen; das heißt, er muß wasserdicht sein. Man darf allerdings nicht vergessen, daß das Wasser auch in einem separaten Gefäß untergebracht sein kann, das in dem nach außen hin sichtbaren Behälter verborgen ist. Dafür eignen sich Plastikwannen, Gefrierschalen, Backformen, Tiegel und alte Marmeladengläser, die man in Gefäße stellt, die selbst nicht wasserdicht sind, aber aus nahezu jedem Material sein können, das zu den Blumen und in das Zimmer paßt – zum Beispiel Korbgeflecht.

Einen Korb, der so plaziert ist, daß er nicht hin- und herbewegt wird, kann man mit Wiesenblumen füllen, deren Stiele in einer stabilen, bis zur Hälfte mit Wasser gefüllten Plastiktüte stehen und locker mit einem Zwirnsfaden umwunden sind.

Ein flacher Korb, den man normalerweise zum Blumenpflücken benutzt, liefert zusammen mit eingetopften Pflanzen aus dem Garten oder Gewächshaus einen unerwarteten Kontrast. Man kann Krokus und kleine Primeln in Terrakottatöpfchen darin anordnen, die hinter den geflochtenen Seitenwänden nicht zu sehen sind. Ein weißgestrichenes Korbtablett eignet sich gut als Behälter für einen flachen Beetkasten voll blühender Pflanzen – das pudrige Blau von Leberbalsam oder die Miniaturausgabe einer Stiefmütterchenwiese sind für ein Zimmer die reinste Farboase. Die Gewächse selbst kann man dann später in den Garten oder in einen Blumenkasten umpflanzen und weiter kultivieren.

UNGEWÖHNLICHE BEHÄLTER

Haushaltsgegenstände oder auch Gefäße vom Trödelmarkt oder aus dem Geräteschuppen können sich beim Arrangieren von Blumen als durchaus brauchbar erweisen. Wenn man einen Blick für das Außergewöhnliche hat, läßt sich fast alles verwerten. Ist der Behälter selbst nicht wasserdicht, so muß man einen wasserdichten Behälter versteckt darin unterbringen.

Form und Größe sind bei der Auswahl die Hauptkriterien. Stellen Sie kleine Gefäße zu mehreren auf, um ihre spezielle Eigenart zu betonen. Leere Parfümflaschen, irdene Senftöpfe und alte Arzneifläschchen (besonders die aus blauem Glas) sollte man aufbewahren. Brotbehälter, Kasserollen, Suppenterrinen, Puddingformen, Zinnkrüge sowie Teekannen und Tassen können für manche Blumenarragements geradezu ideal sein.

Dem aufmerksamen Sammler werden unendlich viele Möglichkeiten einfallen. Betrachten Sie einen Gegenstand nicht als das, was er ist, sondern als das, was er sein könnte. Ein hohes Spaghettiglas, mit langstieligen weißen Margeriten gefüllt, ist eine simple, aber hübsche Lösung. Selbst ein farbbespritzter Eimer kann für üppige Zentifolien in leuchtenden Farben als Behälter dienen.

Ganz rechts: **Flache Schalen laden wie kleine Teiche zur ruhigen Betrachtung ein. Beim Gefäß links paßt das Blau des Enzians zum Blau der Vase. In der größten Schale schwimmen zwei rosa Zinnien, und im Vordergrund sind blaßrosa Anemonen so sparsam arrangiert, daß das Muster in den Schüsseln noch zu sehen ist.**

Rechts: **Bei dieser Nahaufnahme erkennt man, wie sich die Farbintensität der frischen Blumen gegen das Muster auf den Keramikschalen behauptet.**

Oben: **Ein schlichter, dreiteiliger Tischschmuck, von oben gesehen. Der blaue Enzian kontrastiert wirkungsvoll mit der rosa Azalee.**

Rechts: **Bunte Kannen für Tee und Kaffee sind alltägliche Gegenstände, aber nur wenige Leute kommen auf die Idee, sie mit Blumen zu füllen. Dies ist eine gute Möglichkeit für gewagte Farbkontraste. Hier habe ich Skabiosen, Zinnien, Enzian und ein paar *Stephanandra*-Zweige verwendet. Die danebenliegenden Deckel wirken wie beiläufige Farbtupfer.**

DIE ANORDNUNG MEHRERER BEHÄLTER

Manchmal braucht eine Blume eine Vase ganz für sich allein. Dabei fallen einem zunächst die besonders kostbaren Exemplare, wie etwa eine seltene Rose oder Lilie oder eine tropische Orchidee ein, aber auch weniger kostbare Blumen können einzeln sehr reizvoll aussehen – vor allem, wenn die Gefäße in Gruppen angeordnet sind. Fünf oder sieben Narzissen, bis zur Blüte gekürzt und in ebensoviele kleine Glasvasen auf einem Marmorkamin verteilt, wirken vielleicht eindruckvoller als ein großer Strauß in einem einzelnen Krug.

Die opitmale Anordnung ergibt sich ganz natürlich aus einem Gefühl für Pflanzen und ihre Beschaffenheit. Bei einem sehr großen Blumenstrauß empfiehlt es sich oft, einen Teil davon auszusortieren und in einen separaten Behälter zu stellen, anstatt ihn im ganzen in ein zu enges Gefäß zu quetschen; und damit haben Sie schon Ihr erstes Gruppenarrangement.

Blumen werden heute ganz anders präsentiert als zum Beispiel im 18. Jahrhundert. Damals reihte man sie ordentlich in Töpfen genau entsprechender Größe mit Deckel auf Kaminen oder Simsen auf. Im letzten Jahrhundert gab es dann die Nachahmung klassischer Formen, die Vasen standen immer paar-

Wenn man eine „Revue" aus Blumenbehältern gruppiert, sollte man möglichst viele verschiedene Formen und Größen wählen, dafür aber bei den Blumen oder den Farben der Gefäße eine gewisse Zurückhaltung wahren. Bei diesem Arrangement steht die hohe Glasvase im Mittelpunkt – der Bühne sozusagen. Sie enhält herrliche 'Champagne'-Rosen, ein Buntwurzblatt, knospenden Flieder und Levkojen. Die gleichen Blumen, ergänzt durch *Euphorbia*, sind über die anderen vier Vasen und Gläser verteilt und bilden bei allen Unterschieden ein harmonisches Ganzes.

weise zusammen. Im 20. Jahrhundert entstand die ganz neue Praxis, Gefäße unterschiedlicher Höhe und Dimension zu zwanglosen Gruppen anzuordnen.

Glasvasen, die wie die Kreuzung aus einem Marmeladenglas und einer Flasche aussehen, sind für Gruppenarrangements ideal. Ihr Hals ist gerade weit genug für einen kleinen Strauß oder eine einzelne, größere Blüte. Man kann sie zu mehreren in einer Reihe aufstellen, wobei die Stiele verschieden lang sind, so daß sich eine fließende Linie ergibt, oder ganz eng zusammenrücken, daß die Blüten zu einem einzigen Farbfleck verschmelzen.

Im Frühjahr bieten sich dafür Sträuße aus kleinen Blumen an: Schneeglöckchen, Krokus, Blaustern, Narzissen, Traubenhyazinthen, Primeln und Veilchen. Im Sommer stellt man eine gelbbraune Lilienblüte, golden gefleckt oder gestreift, neben einen gefiederten Grashalm. Vom Stiel abgetrennte Rittersporn- und Malvenblüten entfalten einzeln in kleinen Glasvasen ihre individuelle Schönheit. Drei oder vier kleine Blumenvasen auf einem Schreibtisch und ein paar weitere, auf Möbeln oder Fensterbänken beliebig im Zimmer verteilt, lenken eher die Aufmerksamkeit auf die einzelne Blume, als wenn jede nur Teil einer größeren Gruppe ist.

Ordnet man solche Gruppierungen in Augenhöhe an, so hat man Gelegenheit, Form und Struktur jeder Blüte für sich zu betrachten.

Mehrere Glasgefäße unterschiedlicher Größe lassen sich als Stilleben zu einem Tafelaufsatz arrangieren. Zwischen hohe zylindrische Gläser mit Frühlingslaub in kontrastierenden Farben und Formen lassen sich zum Beispiel viele kleine Glasvasen mit Blütenknospen plazieren – eine gute Gelegenheit, Ausgewogenheit und Proportionierung zu üben.

Als improvisierter Tischschmuck eignen sich auch kleine, mit Torf gefüllte Töpfchen mit blühenden Frühjahrszwiebeln oder -knollen hervorragend. Auf einem eleganten Tischtuch neben Kristall und Silberbesteck liefert der dunkle Torf einen erdigen Kontrast zur restlichen Dekoration, und jede einzelne Blume kommt gut zur Geltung.

In diesem Arrangement sind gemusterte Keramikgefäße in Blau-Weiß mit durchsichtigem Glas kombiniert. Kontinuität entsteht durch die allmähliche Abstufung der nach rechts immer höher werdenden Behälter. Die Blumen sind eine bunte Mischung: rosa und blaue Kornblumen in dem Becher, lila *Brodiaea* in der Glaskaraffe, Jungfer im Grünen in der schöngeformten Vase im Vordergrund, verschiedene Kornblumenknospen im vierten Gefäß und in der höchsten Vase ganz rechts rosa Kornblumen. Beobachten Sie, wie die Farbe der Blumen von Rosa und leuchtendem Blau in ein eher violettes Rosa übergeht, um dann in den Kornblumen wieder bei einem satten Rosa anzukommen,

DIE KUNST DER KOMPOSITION

Schon eine einzelne Blume in einer Glasflasche auf der Fensterbank ist eine Komposition. Fügt man weitere Flaschen mit Blattwerk oder mit Blüten hinzu, so wird die Wirkung komplexer. Ein kunstvolles Arrangement besteht aus verschiedenen Elementen, die alle in einer betimmten Beziehung zueinander stehen – Farbe, Form, Linie, Struktur, Muster, Proportion, die zusammen ein harmonisches Ganzes ergeben.

Wie immer Sie im einzelnen vorgehen, verlassen Sie sich auf Ihren Instinkt; treten Sie von Zeit zu Zeit einen Schritt zurück, um die Gesamtwirkung zu prüfen, und nehmen Sie eventuell Korrekturen vor. Allgemeine Regeln gibt es hierbei nicht – nur die, daß Sie immer versuchen sollten, eine möglichst natürliche Wirkung zu erzielen, die der Eigenart der Blumen gerecht wird. Das folgende Kapitel zeigt die Ergebnisse einer ungekünstelten Handhabung dieses Prinzips.

Eine Komposition beruht darauf, daß die Blumen und Blätter in verschiedenen Gefäßen und die Gefäße selbst in einem ausgewogenen Gleichgewicht zueinander stehen. Hier kann man sehen, wie sich in Kornblumen und Ochsenzunge (Mitte) die am deutlichsten vertretene Behälterfarbe wiederholt, während die gefiederten Gräser rechts und links als Endpunkte das Ganze zusammenfassen. Die Strauchrosen und die weiße Hortensienrispe setzen Farbakzente. Das Arrangement hat insgesamt ein sanft geschwungenes Profil, das in den gebogenen Gräsern ganz rechts ausläuft.

SCHLICHTE SCHÖNHEIT

Eine oder zwei Blumen allein in einer Vase können in ihrer Schlichtheit großartig wirken. Finden Sie den richtigen Standort, fügen Sie ein paar Requisiten hinzu, und Sie haben ein Stilleben, das auch tatsächlich lebt. Diese Methode empfiehlt sich bei Blumen, die sich nicht lange im Wasser halten; schnell welkende Blüten stellt man besser nicht in einen bunt gemischten Strauß, da man dann allzu bald das ganze Arrangement erneuern muß.

Einzeln präsentierte Blumen ziehen die Aufmerksamkeit besonders stark auf sich, deshalb sollte man für diesen Zweck immer makellose Exemplare wählen. Dabei sind die üppiger proportionierten Arten vorzuziehen. Eine Traubenhyazinthe, so reizend sie auch sein mag, wirkt allein in einer kleinen Vase so verloren wie ein Blümchen im Walde; eine einzelne Holländische Hyazinthe dagegen ist dekorativ und erfüllt ein ganzes Zimmer mit ihrem Duft.

Nur wenige Blüten zu arrangieren, heißt auch, ihre farbliche Wirkung zu mindern – ein nützlicher Kniff, wenn man sehr kräftige Farben mildern will. Ein großer Strauß aus einheitlich gelben Ringelblumen könnte zum Beispiel einen Raum in Pastellrosa erdrücken, aber zwei oder drei davon, reflektiert von einem goldgerahmten Spiegel, würden eine willkommene sonnige Nuance hineinbringen. Ebenso wäre in einem blauweiß ausgestatteten Zimmer lila Rittersporn in Massen eine Zumutung fürs Auge, ein einziger Blütenzweig jedoch setzt einen vorteilhaften vertikalen Akzent.

Gefäße mit engem Hals oder Flaschen sind für eine oder zwei Blumen ideal; wenn Sie wollen, können Sie auch einen Kranz aus Blättern hinzufügen. Eine einzelne scharlachrote Papageientulpe zum Beispiel kann man in eine große, dekorative Schüssel legen, so daß nur die gekräuselten Enden der Blütenblätter über den Rand reichen, und sie dann auf einem niedrigen Tisch plazieren, daß das flammende Rot im Innern direkt ins Auge springt. Eine andere Möglichkeit wäre eine flache Schale, in der eine rosa Pfingstrosenblüte schwimmt, eingerahmt von graugrünen Artischockenblättern.

Jede Jahreszeit bietet neue Möglichkeiten, bringt eine neue Ausbeute an Blumen, die man auch einzeln präsentieren kann. Im Frühjahr sind es Zwiebeliris, Hyazinthe und Tulpe, im Frühsommer Pfingstrose, Rose, Lilie und die Nelke, die allerdings immer an eine Ansteckblume erinnert. Im Verlauf des Sommers folgen dann Schneeball, Geranie und weitere Lilienarten. Geeignete und sehr attraktive Winterblüher sind Kamelie und Seerose, die als Tafelaufsatz in einem flachen Gefäß schwimmen können.

Auch für Zweige, Knospen, Blätter und Beeren empfiehlt sich eine schlichte Präsentation. Goldene und rote Beeren kann man auf einem Holzbrett zu einem Muster in leuchtenden Farben anordnen oder in eine flache Schale aus Zinn oder Holz legen. Suchen Sie einen elegant geformten Zweig aus und stellen Sie ihn in einem schweren Keramikkrug auf die Fensterbank; so bekommen die Blätter von Eberesche, Vogelbeere oder Buche einen transparenten Schimmer, wenn das Sonnenlicht auf sie fällt.

Die Zutaten für dieses Arrangement sind simpel – ein flacher Teller und ein paar Gerberablüten in Rosa und Rot, die über einem Johanniskrautzweig liegen. Die Zusammenstellung wirkt beiläufig, ist in Wirklichkeit aber eine kunstvolle Komposition, in der sich ein kühner Farbklecks deutlich von dem neutralen, grauen Hintergrund abhebt.

Einfache Arrangements können zart, leicht oder graphisch streng wirken. Hier sind drei Milchglasvasen die Grundlage für eine Zusammenstellung, die trotz ihrer geringen Größe auffällt. In jedem Gefäß stehen Skabiosen, und der Frauenhaarfarn verstärkt die Einheitlichkeit der Komposition zusätzlich. Die Blumen haben absichtlich alle eine unterschiedliche Höhe.

EINFACHE ARRANGEMENTS

Wenn man ein paar Blumen in mehreren eng beieinander stehenden kleinen Gefäßen anordnet, erhält man ein Maximum an Wirkung mit einem Minimum an Aufwand. Gelungen wirkt das Resultat dann, wenn durch die Art der Aufstellung ein harmonischer Gesamteindruck entsteht – vergleichbar einer Gruppe von Menschen, die man für ein gemeinsames Photo vor der Kamera versammelt.

Eine Möglichkeit ist, man stellt eine Handvoll Blumen derselben Spezies in zwei völlig gleiche Kelche, die in klassischer Symmetrie nebeneinander stehen. Weiße Blüten eignen sich gut für diese vornehm zurückhaltende Anordnung.

Bei zwangloseren Gruppierungen läßt sich auf unterschiedliche Weise ein einheitlicher, aber nicht zu reglementierter Effekt erzielen. Am geeignetsten sind Gefäße, die sich in Form, Material oder Farbe gleichen und verschiedene Blumenarten enthalten; umgekehrt kann man auch kontrastierende Behälter benutzen und Blumen, die zu einer Spezies gehören oder in Farbe oder Form einander gleichen.

Die einzelnen Elemente einer Gruppe lassen sich durch gestalterische Kunstgriffe verbinden. So kann man zum Beispiel bei einem Zweier-Arrangement die Blumen in beiden Sträußen so beschneiden, daß sie in der Gesamtansicht unten an einem imaginären Punkt zwischen den zwei Vasen zusammenstoßen. Bei einem Trio, in dem der mittlere Strauß dominieren soll, ist die Wirkung einheitlicher, wenn sich von dort aus Stengel zu den kleineren Gefäßen auf beiden Seiten hinabneigen.

Die Kunst des Gruppierens einzelner oder mehrerer Blumen besteht darin, Überraschungseffekte zu erzielen. Nehmen wir Narzissen: die Wirkung ist verblüffend, wenn man sie ganz kurz abschneidet und jeweils einzeln in einer Reihe kleiner Terrakottatöpfe aufstellt, so daß sich die Aufmerksamkeit ganz individuell auf jede Blüte konzentriert.

Links: **Zimmerpflanzen in Töpfen können für Schnittblumen eine nützliche Ergänzung sein. Die moosartigen grünen Hügel der *Helxine* links im Bild stellen das Gegengewicht zu den langen, dünnen Fenchelstielen her, von denen die Blätter entfernt wurden. Die weißen Blumen im mittleren Behälter, *Lilium longiflorum*, wurden so gekürzt, daß sie sich anmutig wie Schwanenhälse über den Galsrand biegen. Der Gesamteffekt ist der einer Wasserlandschaft – hohes Schilf, bemooste Ufer und auf dem Wasser schwimmende weiße Blüten. Zwei Schneeballblüten zwischen *Alchemilla mollis* vervollständigen das ländliche Idyll.**

Nur zwei oder drei Blumen mit Büscheln winziger Blüten zu kombinieren, kann durch den Größenkontrast sehr effektvoll aussehen. Lindgrüne *Euphorbia wulfenii* und Flieder werden hier turmhoch überragt von vier Gerberablüten und ein paar grünen Azaleenzweigen, deren Blätter entfernt wurden. Das Arrangement in der rechten Vase ist ein bewußtes Understatement.

SCHRITT FÜR SCHRITT

Der Florist liefert einen Blumenstrauß ab. Ihre Vorfreude wächst, während Sie das knisternde Zellophan entfernen und sich überlegen, wie er in Ihrem Zimmer am besten zur Geltung kommt. Wenn Sie umsichtig und überlegt vorgehen, gibt es kaum bessere Gelegenheiten, Farbe und Leben in Ihre Wohnung zu bringen.

Zunächst sollten Sie die Blumen bis zum Hals ins Wasser stellen, damit sie sich gründlich vollsaugen, während Sie den geeignetsten Standort und Behälter aussuchen. Die Farbe ist von primärer Bedeutung. Halten sie die Blumen locker gebündelt gegen das fragliche Gefäß, und taxieren Sie die Farbzusammenstellung. Lassen Sie sich von der unmittelbaren Reaktion auf Ihre Wahrnehmung leiten, und sortieren Sie unpassende Farbtöne aus. Eine gelbe Pomponchrysantheme in einem Strauß aus zartrosa Rosen müßte man zum Beispiel entfernen und für ein anderes Arrangement verwenden; weder von der Farbe noch von der Struktur her ist sie eine gute Ergänzung.

Wenn Sie mit der Kombination von Blumen und Behälter zufrieden sind, vergewissern Sie sich, ob beide zusammen zu dem von Ihnen gewählten Hintergrund passen. Ist das der Fall, so können Sie mit dem Aufbau der Komposition beginnen. Lassen Sie die Blumen im Wasser, während Sie einen Rahmen aus Blattwerk gestalten, wobei Sie von außen nach innen arbeiten. Überlegen Sie sorgfältig, welche Länge die Stiele haben sollten, und kürzen Sie sie mit einer Schere entsprechend. Wenn der Strauß nicht absichtlich eng zusammengedrängt sein soll, empfiehlt es sich, Zweige und dickere Stengel gelegentlich über Kreuz anzuordnen, so daß im Innern des Gefäßes ein lockeres Geflecht entsteht, das dünnerstielige Blumen abzustützen hilft.

Behalten Sie beim Aufstellen des Laubwerks eine imaginäre Silhouette im Auge. Bewegen Sie die Zweige hin und her, um das gewünschte Profil zu erhalten: es kann kompakt und rundlich, eine vertikal ausgerichtete Landschaft aus Gipfeln und Tälern sein oder seine Konturen in die Waagerechte ausdehnen.

Halten sie an diesem Punkt inne, und lassen Sie das Resultat auf sich wirken. Jetzt, da Sie den Rahmen haben, können Sie ihn mit Farbe ausfüllen wie ein Maler seine Leinwand. Zu wissen, wo man beim Arrangieren aufhört, ist ebenso wichtig wie zu wissen, wo man anfängt. Wie das Bild auf der gegenüberliegenden Seite beweist, kann Zurückhaltung durchaus eine Tugend sein. Stellen Sie die Blumen zwischen das Laub, und zwar immer eine Farbe für sich. Bedenken Sie dabei, daß die leuchtendsten Farben am deutlichsten hervortreten. Halten Sie die Blumen gegen den Behälter, um die erforderliche Länge der Stiele abzuschätzen. Legen Sie dann den höchsten Punkt für die längsten Blumen fest, und kürzen Sie die anderen Stiele entsprechend.

Wenn die Blumen ihre Köpfe hängen lassen oder zur Seite umkippen, muß man die Stiele so weit kürzen, daß sie vom Gefäß abgestützt werden. Eine gewisse Unregelmäßigkeit kann allerdings

Die Photos auf diesen Seiten zeigen drei Stadien im schrittweisen Aufbau einer Komposition. Ausgangspunkt war ein Fensterbrett, auf dem zwei schlichte Keramikvasen, zwei Töpfe mit Deckel, ein roter Krug und eine blaue Kaffeekanne zwanglos aufgereiht waren. Zunächst wurde aus *Stephanandra*, Fencheldolden und Geranienblättern ein grüner Rahmen abgesteckt. Die Fenchelstiele waren so plaziert, daß sie von beiden Seiten über die niedrigen Töpfe hinwegreichten. Danach (zweites Bild) wurden als Kontrast orangefarbene Montbretien hinzugefügt. Die Stiele blieben ungekürzt, damit die Farbe der Blüten möglichst weit vom grünen Laubwerk und den kontrastierenden Behälterfarben entfernt waren. Zuletzt (drittes Bild, rechts) kamen blaue Kornblumen hinzu, die im lebhaften Kontrast zum Orange stehen. Sie wurden mit der Schere gekürzt, so daß es aussieht, als tanzten blaue Farbflecken zwischen dem leuchtenden Orange und den Gefäßen.

auch reizvoll sein; gehen Sie nicht zu streng mit Ihren Blumen um.

Fügen Sie jetzt weitere harmonierende oder kontrastierende Farben hinzu. Wenn Sie nur Blumen in verschiedenen Weißtönen nehmen wollen, sollten Sie das Laub vielleicht so variieren, daß das Weiß durch silbrig grüne Blätter noch deutlicher hervortritt. Bei einer ganz bunten Mischung können Sie die Farben entweder gleichmäßig verteilen oder auch einzelne kräftige Akzente setzen, die sich an dem Farbtupfer auf einem Keramikbehälter orientieren oder andere Blumen farblich hervorheben. Es lohnt sich auf jeden Fall immer, die Wirkung eines solchen Akzents auszuprobieren – vielleicht mit einer lindgrünen oder weißen Blüte oder einem graublättrigen Zweig. Nehmen Sie sich Zeit für Experimente, und überlegen Sie, welchen Effekt Sie erzielen wollen, wobei Sie gleichzeitig die natürliche Beschaffenheit der Blumen berücksichtigen.

GROSSE STRÄUSSE

Ein ganzer Armvoll bunter Blumen, die aus einer Vase hervorquellen, wird in jedem Raum zum Blickfang. Üppige Sträuße sind relativ simpel in ihrer Wirkung und leicht zu arrangieren, vorausgesetzt, man geht mit den Blumen auch wirklich verschwenderisch um. Selbst bescheidenes Unkraut läßt sich auf diese Weise vom Gartenschädling in ein interessantes Bukett für die Wohnung verwandeln.

Beim Zusammenstellen eines Straußes kann man sich auf nur wenige Farben innerhalb derselben Spezies beschränken – große Mengen von Fliederzweigen in einem Porzellankrug zum Beispiel oder bündelweise Hahnenfuß in allen Schattierungen zwischen Hellgelb und Orange. Man kann aber auch viele verschiedene Farbtöne mischen. Ein dicker Strauß Bartnelken, eingerahmt von anderen Nelken, erinnert an die Blumenrabatte in einem Bauerngarten. Für ein Wechselspiel aus Form, Farbe und Struktur kann man sich von den Blumengemälden holländischer Maler aus dem 18. Jahrhundert inspirieren lassen, zum Beispiel von Jan Hendrik Fredriks. In einem seiner Bilder vereinen sich gestreifte Papageientulpen, weiße Pfingstrosen, orangefarbene Kresse, Malven in Cremeweiß und Gold, blau rankende Winde, Hortensien, lila Rittersporn und cremefarbene Rosen in einer einzigen Vase zu einer äußerst extravaganten Komposition, die leicht zu kopieren ist.

Sehen Sie sich einmal beim Floristen um, wo die verschiedenen Blumen in Eimern nebeneinanderstehen; so bekommt man einen unmittelbaren Eindruck für die vielen Kombinationsmöglichkeiten. Welche Blumen Sie auch nehmen, mit der Menge sollten sie nicht geizen. Hier kommt es auf den Gesamteindruck an, nicht aufs Detail. Bauen Sie die mit Zweigen abgesteckten Konturen mit Farbe weiter aus. Treten Sie einen Schritt zurück, und füllen Sie etwaige störende Lücken auf. Die Silhouette des Straußes kann sich breit und niedrig in die Waagerechte ausdehnen, strahlenförmig ausgerichtet sein wie die Speichen eines Rades oder auch rund und kompakt. Je mehr Blumen Sie hinzufügen, desto besser stützen sich die Stiele gegenseitig ab.

Der Behälter muß groß genug sein, um eine bestimmte Menge Blumen mit ausreichend Wasser zu versorgen; sein Durchmesser sollte mindestens halb so groß sein wie der Durchmesser des Straußes. Bei sehr vielen Blumen wird das Wasser schnell verbraucht, so daß Sie täglich nachfüllen müssen. Manche Blüten welken schneller als andere; wenn der Strauß nicht mehr so frisch aussieht, entfernen Sie verwelkte Exemplare und teilen Sie den Rest in kleinere Sträuße auf.

Paradoxerweise ist es einfacher, Blumen in üppiger Fülle zu präsentieren als in schlichten Arrangements. Es ist kaum vorstellbar, daß ein großer Strauß reizlos wirkt. Etwas Geschicklichkeit braucht man jedoch, um Farbe und Form der Blüten mit den anderen Farben und Formen auszubalancieren. Es ist auch wichtig zu wissen, wo man aufhören muß: jede Blume sollte noch in ihrer individuellen Schönheit erkennbar sein, wie in diesem Strauß aus Borretsch, Möhrenblüten, Sternhyazinthen, weißer *Spiraea* und grün blühenden *Helleborus foetidus* sowie *Euphorbia robbiae*.

Wünscht man bei einem großen Strauß eine gewisse Einheitlichkeit, so ist es sinnvoll, Blumen dafür auszusuchen, die dieselbe Form haben, wie hier bei diesem Fensterschmuck. Hohe Sternblumenähren, grünes *Sedum* und blauer Enzian, kombiniert mit Katzenminze und wildem Hafer, Berberitze, Mohnsamenkapseln und Tuberosen, bilden, ausgehend von der engen Öffnung der gesprenkelten Vase, einen gleichmäßigen Strahlenkranz.

SINN FÜR PROPORTIONEN

Blumen kann man in beliebiger Menge verwenden: je mehr, desto augenfälliger ist der Effekt. Um aber die Proportionen zu wahren, muß man nicht nur die Abmessungen des Raumes bedenken, in dem sie aufgestellt werden sollen, sondern auch die Größe des jeweiligen Behälters. Es ist klar, daß langstieliger Rittersporn in einer gedrungenen Vase unpassend wirkt, ebenso wie üppige Hortensienblüten, die aus einem zu kleinen Gefäß hervorquellen, kopflastig aussehen.

Umfang und Länge des Straußes sind im Verhältnis zur Größe des Behälters entscheidende Faktoren. Wenn die Blumen zusammengequetscht wirken, muß man sie auf zwei Vasen aufteilen. Sind sie zu lang, so muß man die Stiele kürzen. Schneiden Sie jedoch immer nur ein kleines Stück auf einmal ab. Sollten sie zu kurz geworden sein, so daß die Blüten eben noch über den Rand des Gefäßes gucken, braucht man sie aber nicht in einen niedrigeren Behälter umzusetzen – man fügt stattdessen ein paar langstielige Blumen hinzu und läßt die unteren als eine Art Bodendecker stehen.

Will man die Proportionen ausdehnen, so muß man nicht unbedingt den ganzen Strauß vergrößern. Ein oder zwei hoch aufschießende Blumen oder Zweige reichen schon, damit er insgesamt höher wirkt. Die Breite läßt sich durch rankendes Blattwerk variieren.

Auch Muster auf einem Blumenbehälter spielen für die Proportionen eine Rolle. Eine Vase mit winziger, lebhafter Musterung sieht im Verhältnis zu einem gleichgroßen Gefäß mit klar gezeichnetem Dessin eher kleiner aus. Es überrascht vielleicht, daß auch die Farbe die Dimensionen eines Gefäßes scheinbar verändert: eine „hervortretende" Farbe wie Rot oder Orange läßt eine Vase kleiner wirken als eine „zurückweichende" Farbe wie Blau.

Unten: **Die Größenunterschiede sind hier zwar drastisch, werden aber ausgeglichen durch die waagerecht auslaufenden Zweige des Salomonssiegels, die sich schützend über zwei kleine Töpfe mit Ochsenzunge, Sternhyazinthen, Abendblumen und *Euphorbia robbiae* breiten.**

Links: **Der Krug mit Gerbera kann für sich allein stehen (unten), paßt aber auch in ein komplexeres Arrangement, in dem es hauptsächlich auf die Proportionen ankommt. Die hohe, schlanke Glasvase mit dem grünstieligen Tuberosenstrauß beherrscht Gerbera und Zinnien, aber die beiden Farbkombinationen – Rot/Orange und Grün/Weiß – sind ziemlich gleichmäßig verteilt.**

Unten: **Blumen kann man so kürzen, daß sie, wie in diesem Beispiel, das optische Gegengewicht zum Behälter herstellen. Der schön geformte, bronzierte Krug, der unten schmal ist und sich nach oben zu einer dicken Rundung erweitert, hat dieselbe Silhouette wie der Blumenstrauß, der auch zunächst in die Höhe und dann in die Breite geht.**

DAS BETONEN DER LINIE

Manchmal kann die Form von Möbeln Anregung für ein Blumenarrangement sein. In diesem Beispiel stehen Rittersporn und Vogelbeere in der hohen Vase ebenso schräg wie die Tischbeine – ein Effekt, der sich in kleinerem Maßstab bei den Blumen in dem viereckigen Glas rechts wiederholt. Auch die über Kreuz aufgestellten Stiele sind der Kreuzform des Tischgestells nachempfunden.

In der Mode werden die Röcke mal länger, mal kürzer, die Revers mal breiter und mal schmaler. Es ist alles eine Frage der Linie. Ebenso wie der Modedesigner muß auch der Blumenfreund einen Sinn für Linienführung entwickeln. Die Linie von Blumen ist davon bestimmt, wie sie in der Natur wachsen. Selbst ein scheinbar zwanglos zusammengestellter Strauß wirkt nur dann gelungen, wenn die Linie harmonisch ist.

Die genaue Vorgehensweise ändert sich entsprechend den Blumen, um die es geht. Manchmal bekommt das Arrangement durch die Blütendolden von Möhren, Fenchel oder Dill eine kompakte, rundliche Form. Es kann auch schmal und senkrecht ausgerichtet sein oder strahlenförmig, wenn die Stiele und Zweige sich wie bei einem Fächer nach außen spreizen. In einem gemischten Strauß mögen einzelne herausragende Zweige wie Ausrufungszeichen wirken, die besondere Aufmerksamkeit auf sich ziehen.

Gelegentlich kommt die natürliche Linie am besten zur Geltung, wenn man einen Blütenzweig für sich allein aufstellt. Es sind überwiegend tropische Exoten, die eine solch exklusive Behandlung verdienen – die Cattleya zum Beispiel.

Wenn Sie die Linie ins Auge fassen, berücksichtigen Sie auch die Beweglichkeit der Blumen. Tulpen etwa wachsen und verändern ihre Position auch noch, wenn sie in der Vase stehen. Die Traubenhyazinthe gehört zu einer Gruppe von Blumen, die sich durch das Gewicht ihrer Blütenköpfe allmählich nach unten neigt und so im Verlauf der Zeit einen faszinierend wechselvollen Anblick bietet.

Die Wahl der Blumen kann auch von der Form des Behälters inspiriert sein. In diesem Goldfischglas stehen Blumen, die wegen ihrer ebenfalls runden Form ausgesucht wurden – Anemonen, eine einzelne Tulpe und weiße Rosen, die durch die kreuz und quer gestellten Stiele zu einer Einheit werden. Die Blätter einer Henne mit Küken mit ihrer feinen, grünen Maserung vervollständigen den Effekt.

STIELE

Weiße Märzenbecher *(Leucojum)* präsentieren sich hier ganz schlicht in zwei Glasgefäßen, wobei die schräggestellten Stiele im Wasser ein interessantes Muster bilden und verhindern, daß die Blumen umkippen. Wenn Sie mit einem Bleistift die Silhouette der glockenartigen Blüten von links nach rechts nachzeichnen würden, bekämen Sie als Resultat den Umriß eines fliegenden Vogels. Diese reizvolle Form kann man auch in einem einzigen Behälter reproduzieren, wenn man die Stiele entsprechend auf unterschiedliche Längen kürzt.

Blüten und Blätter werden von einem Stiel getragen, der für ihre Ernährung sorgt. Wenn man Blumen so arrangiert, daß ihre Stiele verdeckt sind, unterschlägt man einen entscheidenden Teil der lebenden Pflanze. Form und Linie des Stiels sollten ebenso wie alles andere in die Gesamtkomposition einbezogen werden.

Stiele sind entweder holzig oder weich. Sie können knorrig und verschlungen sein wie Dornengestrüpp oder fest und gerade mit vielen Blättern. Manche ranken und krümmen sich, manche haben Dornen, andere, wie Borretsch oder Mohn, sind über und über mit feinen Härchen bedeckt. Selbst ungelenk wirkende Stengel können interessant sein – zum Beispiel die von Gartenwicken, die sich in langen Windungen dem Licht entgegenrecken. Auch die Farben variieren. Es gibt zum Beispiel einige Weiden- und Hartriegel-Arten mit reizvollen roten und silbrigen Zweigen.

Allzu lange wurden Stiele in Keramikbehältern versteckt und starr auf irgendwelche Einsätze gespießt. Wenn man dagegen die Blätter abstreift und die Stiele in ein Glasgefäß stellt, kann man ihre Linien wirkungsvoll mit denen der Blüten kontrastieren. Sie mit künstlichen Hilfsmitteln abzustützen, steht völlig im Gegensatz zu einem sensiblen Umgang mit Pflanzen; mit etwas Überlegung kommt man zu wesentlich subtileren und naturgemäßeren Methoden. Eine Möglichkeit ist, die Stengel über Kreuz zu einem lockeren Geflecht anzuordnen. Wenn man sie innerhalb des Behälters schräg zu parallelen Gruppen arrangiert, hat man unterhalb der Wasserlinie ein interessantes diagonales Muster und außerdem eine Art Spalier für andere Blumen, die man ganz gerade dazwischenstellt.

Für einen solchen Strauß braucht man ein Gefäß, das groß genug ist, damit kein zu dichter Klumpen aus grünen Stielen entsteht. In zwei verschiedenen Schichten – unterhalb der Wasserlinie eine kompakte Masse einfarbiger, gerader Stiele, die alle auf dieselbe Länge beschnitten sind, oberhalb eine Fülle bunter Blüten – wirkt ein Arrangement immer unbeholfen. In einer großzügiger bemessenen Vase sehen die Blumen meistens besser aus.

Die einfachste Möglichkeit, Stiele zu präsentieren, ist die, Pflanzen mit schlanken Stengeln zu wählen, wie etwa Wikken, und sie in flaschenartigen Glasbehältern aufzustellen. Hier benötigt man keine feste Stütze aus Stielen für schwere Blütenköpfe. Der enge Hals der Vase reicht zum Abstützen der Blumen und verhindert, daß die Stengel sich zu sehr unter ihrer Last beugen. Rücken Sie mehrere dieser kleinen Gefäße in verschiedenen Größen und Formen zu einer engen Gruppe zusammen.

Pflanzen mit dicken, weichen Stielen, wie etwa Tulpen, sind schon schwieriger, da die Blüten größer sind und das Arrangement leicht zur Seite kippt, wenn es nicht in einem hohen Behälter mit weitem Hals festen Stand findet. Glaszylinder oder einfache viereckige Gefäße sind für solche Blumen ideal. Kürzen Sie die Stiele auf unterschiedliche Länge, und stellen Sie sie über Kreuz, damit sie sich gegenseitig abstützen.

Links: **Nimmt man diese drei Vasen aus dem obigen Wickenarrangement heraus, so entsteht eine eher strenge Komposition, in deren Mittelpunkt die beiden geschwungenen Wikkenstiele über dem zarten *Helleborus foetidus* stehen. Die beiden kleinen Gläser daneben erzeugen einen angenehm symmetrischen Eindruck und kommen vor einem einfarbigen Hintergrund am besten zur Geltung.**

Oben: **In diesen Gläsern mit ihrem ungewöhnlich langen Hals wirken die Wickenstiele und die Vogelbeerzweige wie senkrechte grüne Streifen, die das Grundmuster dieser Komposition mit ihren wellenförmigen Linien bilden. Um die Gesamtsilhouette des Arrangements möglichst abwechslungsreich zu gestalten, wurden die Stengel der Wicken auf unterschiedliche Länge gekürzt. Dadurch bekommen die Wicken eine Würde und Präsenz, die die Blumen im Vordergrund überschattet.**

STRUKTUREN

Die verschiedenen Blätter, Stiele, Gräser und Blüten bieten dem Designer eine unendliche Auswahl mannigfaltigster Strukturen. Denken Sie an japanische Anemonen, dünn wie Seidenpapier, an gefiederte Gräser, samtige Rosen, pelzige Kätzchen und glänzend glatte Tulpen. Bei jedem dieser Beispiele beschreibt das gewählte Attribut eine Eigenschaft, die für unser Vergnügen an der jeweiligen Blume nicht weniger wichtig ist als ihre Farbe oder Form. Natürlich müssen wir eine Pflanze nicht berühren, um ihre Schönheit wahrzunehmen – beim Arrangieren von Blumen ist der optische Eindruck die Hauptsache. Dennoch läßt sich die stoffliche Beschaffenheit von der äußeren Erscheinung ableiten, und auf komplizierte Weise vermitteln die visuellen Eindrücke von Blüte, Blatt oder Stiel auch, wie sich die Pflanze anfühlt. Deshalb müssen auch Strukturen kreativ eingesetzt und phantasievoll kombiniert werden.

Um die Aufmerksamkeit auf strukturelle Feinheiten zu richten, ist es wichtig, den passenden Hintergrund zu wählen. Eine Wandverkleidung aus Seidenstoff oder Baumrinde ist der natürliche Rahmen für eine Vase voll seidiger Gräser. Helles, mit Wachs behandeltes Holz hat meist eine goldene Patina, sie verstärkt die Wirkung eines bunten Gartenstraußes ganz besonders. Eine schlichte, unverputzte Ziegelwand ist die geeignete Kulisse für Glockenblumen oder Malven. Bei einer modernen High-Tech-Einrichtung passen oft Tulpen besonders gut zu den glänzend lackierten Oberflächen. Es ist jedoch unmöglich, grundsätzliche Regeln festzulegen. Viel hängt von der individuellen Atmosphäre der Wohnung ab.

Entdecken Sie die Wirkung von Alltagsgegenständen oder gesammelten Kostbarkeiten, die als Behälter und Requisiten frischgepflückte Blumen zusätzlich beleben. Es könnte zum Beispiel hübsch aussehen, wenn man die wolkige Zartheit einer japanischen Anemone mit dem durchscheinenden Perlmuttglanz von Muscheln kombiniert, eine eisgrüne Schneeballblüte mit einer Porzellanfigurine, einen Topf Stiefmütterchen mit dem Samtschimmer eines orientalischen Teppichs oder papierdünne Butterblumen mit einem Fächer aus Papier. Für den Nachttisch könnten Sie eine Haarbürste aus Elfenbein neben milchweißen Schneerosen plazieren, für das Badezimmer blaue Parfümfläschchen neben blaue Rittersspornblüten, die von den Spiegeln reflektiert werden.

Ein romantisches Stilleben inszeniert man, indem man Rosenblüten auf ein altes, ledergebundenes Buch legt, dessen grob geschnittene Pergamentseiten das Gegenstück zu den zarten Blütenblättern bilden. Mit seidenen Vorhängen betont man die glänzende Oberfläche von Tulpen – ein Effekt, der besonders edel wirkt, wenn man das Arrangement durch eine Lüsterglasvase ergänzt.

Gegenüberliegende Seite oben: **Liebgewordene Sammlerstücke, wie etwa antiquarische Bücher, sehen gleich ganz anders aus, wenn man einfach zwei pfirsichfarbene 'Queen-Elizabeth'-Rosen darauflegt. Die gekrausten Blütenblätter erinnern an die Freuden noch nicht aufgeschnittener Buchseiten, der alte Ledereinband kontrastiert wirkungsvoll mit den Blüten.**

Gegenüberliegende Seite unten: **Die wächserne Schönheit dieser seltenen violetten Tulpen kommt neben dem Gartenflieder durch Kontrast noch besser zur Geltung. Die Beschaffenheit der anderen Gegenstände trägt wesentlich zur Gesamtatmosphäre bei. Der seidige Stoff und die entzückende golden marmorierte Vase machen aus dem einfachen Strauß ein Prachtstück.**

Rechts: **Die durchscheinend weißen Flecken auf diesen Mattglasvasen sind ein optisches Echo auf die Jungfer im Grünen mit ihren gefiederten Blättern. Die hellen Blüten haben dieselbe Zartheit wie das Glas und scheinen über den Stielen zu schweben, die unterhalb der Wasserlinie sanft verschwimmen. Das Wechselspiel der Strukturen und die zurückhaltenden Farben sind von äußerster Feinheit.**

DIE WIRKUNG DES DUFTES

Duft bezeichnet eine schwer faßbare, individuelle Erfahrung, für die es keinen objektiven Maßstab gibt. Dennoch sind sich die meisten Menschen wahrscheinlich über die Assoziationen einig, die bestimmte Düfte heraufbeschwören: eine Schale voller Wicken zum Beispiel ist der Inbegriff für den ganzen Wohlgeruch eines ländlichen Gartens.

Beißend, würzig, honigsüß, knoblauchartig, balsamisch – das sind nur einige der Attribute, mit denen das Aroma verschiedener Blüten oder Blätter beschrieben wird. Viele Düfte sind jedoch einzigartig und deshalb nicht einfach zu definieren. Goldlack etwa hat einen ganz speziellen Geruch, der sowohl an Jasmin als auch an Orangen erinnert. Der Duft von Veilchen ist flüchtiger; mit Shakespeare: „Frühzeitig, nicht beständig: süß, nicht dauernd, Parfüm und Bittgebet einer Minute nur."

Das folgende Kapitel liefert ein paar Ideen für den kreativen Umgang mit Düften – von der sinnlichen Üppigkeit der Rosen und Lilien bis zum bescheidenen Charme eines Wiesenstraußes.

In diesem üppigen Strauß vereint sich der berauschende Duft von Levkojen mit dem der weißen Blüte einer *Lilium longiflorum*, rosa überhauchter *Spiraea* und 'Carte-Blanche'-Rosen. Stellen Sie so einen Strauß in eine Sitzecke, damit Sie seinen Wohlgeruch genießen können, während Sie sich entspannen.

ALTE ROSEN

Bis ins 19. Jahrhundert gab es nur Rosensorten, die einmal im Jahr blühten, entweder im Früh- oder im Spätsommer. Der Versuch, sie mehrmals zum Blühen zu bringen, führte über komplizierte Kreuzungen zwar zu prächtigeren Blüten, ging aber zu Lasten des Duftes.

Alte Rosen erfreuen sich seit kurzem neuer Beliebtheit, nicht nur wegen ihres Wohlgeruchs, sondern auch wegen der Fülle ihrer Blüten. Da gibt es die 'Rosa Mundi', eine blaßrosa, rotgestreifte Hybride von *Rosa gallica*, der ältesten aller Gartenrosen. Die Alba-Rosen (zu denen die köstlich duftenden hellrosa 'Maiden's Blush' und 'Queen of Denmark' gehören) sind durch graugrüne Blätter gekennzeichnet. Moosrosen wie 'William Lobb' haben ihren Namen daher, daß sie wie Moos auf Kelchblättern und Stielen sitzen. Obwohl die meisten dieser alten Strauchrosen nur im Sommer blühen, gibt es auch etliche Ausnahmen, die im Herbst ein zweites Mal zur Blüte kommen – zum Beispiel die alte Bourbonrose 'Boule de Neige' mit ihren seidigen, elfenbeinfarbenen Blüten.

Der berühmte Teegeruch, der Rosenliebhaber so bezaubert, stammt aus China. Anfang des 19. Jahrhunderts wurden Teerosen in den Laderäumen von Teefrachtern in den Westen importiert. Obgleich sie keinen Frost vertrugen und etwas kraftlose Stiele hatten, waren sie wegen ihrer zarten Blüten, ihres exquisiten Duftes und ihres mehrmaligen Blühens hoch geschätzt. Im Westen wurden sie dann mit robusteren Sorten gekreuzt; ein langer Veredelungsprozeß, der schließlich die heutigen Teehybriden hervorbrachte, begann.

Nicht alle Teehybriden duften noch immer nach Tee, aber sie duften doch. Ausgezeichnet für Blumensträuße geeignet sind die roten 'Fragrant Cloud', die silbrigrosa 'Silver Lining', die goldgelbe 'Dutch Gold', die blaßrosa 'Lady Sylvia', die samtrote 'Mister Lincoln' und die

cremefarbene und rote 'Double Delight'. 'Sutter's Gold', die wohlriechendste aller gelben Rosen, duftet immer noch intensiv nach Tee.

Strahlende Herbstfarben ohnegleichen bieten die Moschushybriden. Besonders wohlriechende Beispiele sind die elfenbeinblütige 'Prosperity' und 'Felicia' in Apricot-Rosa.

Floribundarosen werden als Dauerblüher und wegen ihres Blütenreichtums geschätzt, der sie zu idealen Schnittblumen macht. Ein paar von ihnen duften auch, darunter die perlweiße 'Margaret Merill' und die kupferfarbene 'Fragrant Delight'.

Wenn man ein Arrangement aus duftenden Rosen plant, muß man die räumlichen Bedingungen in Betracht ziehen. Duft entsteht durch das Freisetzen ätherischer Öle und wird von einer warmen, feuchten Atmosphäre begünstigt. In einem kalten Raum werden auch stark duftende Sorten eine Enttäuschung sein.

Ganz links: **Rosen sind romantisch, ihre samtenen Blüten traditionelles Zubehör für einen Abend bei Kerzenschein. Diese Atmosphäre wird auch von den gläsernen Kerzenständern vermittelt. Eine unkonventionelle Note bekommt das Ganze durch ein paar Halme wilden Hafers im linken Gefäß, deren zarte Linien wirkungsvoll gegen die vollerblühten Rosen kontrastieren.**

Links: **In dieser Schale mit alten Rosen, die seit kurzem wieder sehr beliebt sind, ist die ganze Schönheit des Sommers eingefangen. Hier wird der Vordergrund von rosa Rosen beherrscht, im Hintergrund sind weitere vollerblühte Exemplare mit einigen Knospen und den Blättern einer Henne mit Küken kombiniert. Die üppige hellrosa Zentifolie verströmt einen köstlichen Duft.**

Unten: **Mattrosa Rosen nehmen im spätsommerlichen Abendlicht einen ganz besonderen Schimmer an. Hier haben sich die gekrausten Blütenblätter der mittleren Rose schon so weit geöffnet, daß man das goldene Innere sehen kann. Zusätzlichen Duft verbreitet eine goldgestreifte *Lilium auratum*.**

PRÄCHTIGE LILIEN

Rechts: **In jeden Gartenblumenstrauß gehört eine *Lilium auratum*, denn sie hat mehr Blüten an einem einzigen Stiel als jede andere Lilienart.**

Unten: **Dieses Detail eines Tafelaufsatzes zeigt eine *Lilium regale* zusammen mit den grünen Quasten eines Fuchsschwanzes (*Amaranthus* 'Viridis') und einer rosa Hortensie.**

Die Lilie, von allen Blumen außer der Rose am meisten wegen ihres Duftes geschätzt, hat eine geradezu königliche Haltung, gepaart mit Langlebigkeit, die sie bei Blumenfreunden besonders beliebt macht.

Eine der populärsten Lilienarten ist die weiße *Lilium candidum* mit ihren goldenen Staubfäden und ihrem charakteristischen honigsüßen Duft. Auch die orangefarbenen Blüten von *Lilium henryi* auf ihren purpurschwarzen Stielen sind besonders wohlriechend. Einige sogenannte Lilien gehören in Wirklichkeit allerdings nicht zur Gattung *Lilium* – so zum Beispiel die rosa Belladonna-Lilie *(Amaryllis belladonna)*, das zuweilen auch als Maililie bezeichnete Maiglöckchen *(Convallaria majalis)* und die weiße Graslilie *(Anthericum liliago)*. Von ihnen hat nur das Maiglöckchen einen beachtlichen Duft.

Man kann Lilien in scheinbar zufälliger Anordnung zu Sträußen zusammenfassen, so wie sie auch im Garten wachsen, oder sie einzeln in Glasgefäße stellen, in denen ihre graziöse Form und ihr unverwechselbarer Duft besonders zur Geltung kommen. Glas eignet sich gut für Lilien, weil die Stiele meistens aufrecht und elegant sind. Vermeiden Sie also allzu kunstvoll verzierte Behälter, da sie nur von der schönen Linie der Blume ablenken würden.

Lilien sollten sorgfältig behandelt und am besten noch im Knospenstadium gekauft (oder gepflückt) werden; die Knospen öffnen sich im Wasser dann schon nach kurzer Zeit. Die Stiele müssen angeschnitten und die unteren Blätter entfernt werden. Lassen Sie die empfindlichen Lilienblüten beim Wasserwechseln nicht naß werden, da sie sonst schnell verwelken.

In jedem Strauß sind duftende Blumen eigentlich unentbehrlich. Das Salomonssiegel hat entzückende, glockenförmige Blüten an zart geschwungenen Stengeln, duftet aber nicht. Deshalb habe ich hier eine *Lilium auratum* dazugestellt.

AROMATISCHE KRÄUTER UND BLÄTTER

Köche wissen das Aroma von Kräutern normalerweise mehr zu schätzen als Floristen, aber frische Kräuter in bunten Blumensträußen geben einen zusätzlichen Duft. Außerdem sind sie auch noch dekorativ – eine Qualität, die meistens nur recht kurz zur Geltung kommt, bevor sie zum Garnieren von Speisen kleingehackt werden. Viele Kräuter liefern das ganze Jahr über immergrünes Blattwerk.

In einem Blumenkasten kann man genügend Kräuter für kulinarische und optische Genüsse ziehen. Zwischen Frühling und Herbst muß man die Pflanzen mehrfach zurückschneiden, damit sie nicht ausdünnen und das Wachstum gefördert wird.

Für dekorative Zwecke eignen sich unter anderem die Süßdolde, die graugrüne Eberraute *(Artemisia abrotanum)*, die gold-grün gefleckte Melisse (*Melissa officinalis* 'Aurea') und *Salvia* 'Purpurascens' mit ihren ins Lila spielenden Blüten; wenn man die Blätter dieser Pflanzen etwas zerdrückt und an einen warmen Platz stellt, erfüllen sie ein ganzes Zimmer mit ihrem Duft.

Manche wohlriechenden Kräuter werden bis zu 1,8 m hoch – zum Beispiel der bronzefarbene oder grüne Fenchel und die Brustwurz, die mit ihren gelbgrünen Dolden jedem Arrangement eine würdevolle Schönheit verleiht. Die sellerieartigen Blätter von Liebstöckel kommen gut in einem größeren Strauß zur Geltung, ebenso mit winzigen blauen Blüten übersäte Rosmarinzweige.

Nur wenige Kräuter fallen durch besondere Farbigkeit auf, selbst wenn sie blühen. Drei Ausnahmen sind der blau blühende Borretsch, die rotblühende Indianernessel und das Mutterkraut mit seinen gelben Blüten.

Mit Kräutern kann man den duftenden Rahmen für einen Teppich aus Gartenblumen abstecken. Selbst wenn ihre Blüten oder Blätter schon welk werden, behalten sie ihr Aroma, das mittelalterliche Kräuterkenner „die Sinne durchdringend" nannten. Dieses Arrangement enthält lavendelfarbene Katzenminze oder *Nepeta* (in der sich Katzen gerne wälzen) und violett blühende Gartenminze mit dem riesigen Blatt einer nach Zitrone duftenden Geranie.

Wegen ihres belebenden Duftes war es früher üblich, daß ein Strauß stets auch Melisse enthielt. Hier steht sie zusammen mit grüner Minze und Petersilie in der größeren Vase. Die flache Schale im Vordergrund enthält Schneeballbeeren; die gelben Blüten stammen von einer Weinraute.

DER DUFTENDE BAUERNGARTEN

Links: **Duftende Blumen können Erinnerungen an ländliche Spaziergänge heraufbeschwören. Stellen Sie einen behaglichen Sessel neben die Blumen, damit sie ihren Duft genießen können, während Sie sich entspannen. Hier sind Rosen in Weiß, Gelb und Rosa mit blühender Minze, wohlriechendem Jasmin und Berberitze kombiniert.**

In einem duftenden Bauerngarten ist die Luft von einer zauberhaften Mixtur blumiger Wohlgerüche erfüllt. So einen Duft kann man sich auch in die Wohnung holen, wenn man schlichte Gartenblumen in buntgemischten Sträußen arrangiert.

Zu einem solchen Strauß gehören Sommerflieder, Ginster, Nelken, Geißblatt, Heliotrop, Jasmin, Gartenflieder, Levkojen, Wicken, Ziertabak, Veilchen, Goldlack und vieles andere. Manche Blumen duften am stärksten bei Tagesanbruch, andere in der Abenddämmerung. Einige brauchen die Mittagssonne, um ihre ätherischen Öle freizusetzen, die Schmetterlinge und Bienen anlokken. Im Freien sind große Beete notwendig, damit man den Duft dieser Blumen verspürt, in einem eng begrenzten Raum innerhalb der Wohnung jedoch entfaltet jede Blume ihren Wohlgeruch viel wirksamer.

Als Gärtner weiß man, daß man größeren Blütenreichtum produziert, wenn man regelmäßig Blumen schneidet. Wicken, in der Blüte geschnitten, blühen zur Belohnung später noch üppiger.

Wenn die Blütenblätter abfallen, kann man sie als Zusatz zu fertig gekauften Kräutern verwenden. Damaszenerrosen, Mimosenblüten, Gartennelken, Pfeifenstrauch, Heliotrop, Ringelblumen, die Blätter von Eisenkraut, Melisse, Rosmarin und Minze sind nur einige der beliebtesten Zutaten. Eine Mischung aus gemahlener Veilchenwurzel und Gewürzen wie etwa Muskatnuß hält den süßen Duft von Blättern und Blüten frisch. Lagern Sie das Ganze in einem luftdichten Glas, bis die Blütenblätter welk sind und ihr Duft sich richtig entfaltet.

Die erste Beschreibung von Wicken in England stammt aus dem Jahre 1699 von dem Pflanzensammler Dr. Robert Uvedale. Er berichtete von einem Duft „ähnlich wie Honig, ein wenig an den Geruch von Orangenblüten erinnernd". Hier sind Wicken in einem kleinen Aquarium zu einem schlichten Strauß angeordnet, obwohl sie mit ihren Ranken und Blättern auch gut in Krüge passen.

SPEISEN UND BLUMEN

Speisen und Blumen sind ein natürliches Gespann – schließlich wachsen sie oft nebeneinander. Man braucht nicht unbedingt ein festliches Essen bei Kerzenlicht, um eine Mahlzeit mit Blumen zu verschönern. Auch auf dem Frühstückstisch sehen schlichte Margeriten in einem Krug hübscher aus als Müsli-Schachteln.

Blumen für den Eßtisch sollten so gewählt werden, daß sie die Speisen und den übrigen Tischschmuck farblich ergänzen. Wie die folgenden Seiten zeigen, gibt es dafür unzählige Möglichkeiten, Geist und Phantasie zu beweisen.

Links: **Ein Essen im Freien verlangt üppigen Blumenschmuck, der es mit seiner natürlichen Umgebung aufnehmen kann. Auf diesem alten Holztisch stehen Körbe voller Blumen, die man herunternehmen kann, wenn der Platz fürs Essen benötigt wird. Die rosa und violetten Hortensien sind von zarter Eleganz. Damaszenerpflaumen, Reineclauden, grüne Trauben und ein Korb mit Blättern vervollständigen das Bild.**

Oben: **Früchte und Blumen in derselben Schale sind eine unkonventionelle, aber passende Kombination. Hier bringt blauer Enzian Feigen und Trauben besonders zum Leuchten. Die über das Obst verstreuten lila Anemonenblüten verschmelzen mit den anderen Lilatönen und konstrastieren ebenso wie mit dem Enzian lebhaft mit dem Grün.**

AUS BESONDEREM ANLASS

Bei der Planung eines festlichen Essens lohnt es, sich über Blumen ebensoviele Gedanken zu machen wie über Rezepte. Steif und förmlich muß es dabei jedoch nicht zugehen. Die Blumen sollten in jedem Fall so natürlich arrangiert werden, wie sie wachsen.

Man kann einen Tafelaufsatz aus Blumen entwerfen, der farblich mit den Speisen übereinstimmt. Scharlachfarbene Gerberablüten und ihre frischen, grünen Blätter passen zum Beispiel zu einer Schüssel mit Radicchio- und Endiviensalat. Ein Krug voller Fenchelblätter mit goldenen Blütenständen auf hohen Stielen ist eine angemessene Dekoration neben Platten mit gegrilltem Fisch und Zitrone.

Die nouvelle cuisine hat einen neuen Aspekt in die Präsentation von Blumen und Speisen gebracht. Blätter, Stiele und Blüten eignen sich gut zum Garnieren, sowohl von einzelnen Gedecken als auch von Präsentiertellern. Der Koch kann Zweige aus dem Blumenkasten oder dem Gewächshaus nehmen oder von Sträuchern, die draußen gerade blühen, oder auch exotische Früchte aufschneiden, um den Tisch damit zu schmücken und seine Kreationen einzurahmen. Blaue Borretschblüten läßt man in sommerlichen Getränken schwimmen, mit aromatischen Nachtviolenblättern ergänzt man einen Sommersalat, und mit Kresse kann man den Tisch pikant verschönern.

Geschirr, Tischtuch und Blumenschmuck sollten als Einheit betrachtet werden. Blau-weißes Porzellan ist als Eßgeschirr sehr beliebt, da es gut mit Speisen harmoniert. Die drei Bilder auf diesen Seiten zeigen eine sorgfältig geplante Komposition, die zusammen mit den Kontrastfarben Cremeweiß und Grün auf Blau und Weiß basiert.

Oben: **Der blaue Rittersporn wird durch die grünen *Stephanandra*-Blätter und die cremeweißen Rosen besonders betont. Der Tafelaufsatz besteht aus einer Platte mit Erbsenschoten, grünen Bohnen, krauser Endivie, Maissalat und roten und gelben Tomaten. Der Käse ist als farbliche Ergänzung mit Kerbel, ein paar scharlachroten Erdbeeren und Anemonen garniert.**

Oben: **Der leuchtend blaue Rittersporn wurde wegen der Form seiner Blüten gewählt, die den dekorativen weißen Blumen ähnelt, mit denen die blauen Teller bemalt sind.**

DER ÜBERRASCHUNGSGANG

Die Förmlichkeit oder Zwanglosigkeit einer Mahlzeit hängt in erster Linie vom Tischschmuck und von der Präsentation der Speisen ab. Dabei spielen auch Blumenbehälter eine Rolle. Irdene Schüsseln auf einem karierten Tischtuch sehen zum Beispiel weniger feierlich aus als Porzellan oder Kristall auf weißem Damast. Bei festlichen Gelegenheiten, wie etwa zu Weihnachten, kann man etwas Besonderes ausprobieren – anstelle des üblichen Glitzerschmucks vielleicht Glaskrüge mit leuchtend bunten Blumen zwischen Körben mit Äpfeln, Mandarinen und Nüssen.

Bei der Auswahl von Blumen sollte man besonders das Geschirr berücksichtigen. Schlichtes weißes Prozellan kann ein Muster aus Blüten bekommen, die man einzeln auf jeden Teller legt; dieselbe Blumenart verwendet man dann im Tafelaufsatz. Manchmal wirkt es lustiger, ein großes Ereignis mit frischen Wiesenblumen oder einem Feldstrauß aus Mohnblumen und Gräsern herunterzuspielen. Kleine Gartenblumen, die sich als Borte über einen festlich gedeckten, rechteckigen Tisch schlängeln, ziehen mehr Aufmerksamkeit auf sich als das obligatorische Rosenbukett. Einzelne Blüten zu jedem Gedeck dienen als improvisierte Ansteckblumen; oder man läßt Blüten in einer flachen Schale schwimmen.

Wenn die Teller selbst schon ein Blumenmuster haben, kann man den Effekt

Ein Tisch in einem Alkoven, dessen Blumenschmuck von den Stoffmustern inspiriert ist. Tischtuch, Vorhänge und Servietten haben aprikosenfarbige Blüten auf einem Untergrund von hellem Türkis; deshalb wurden Sternhyazinthen im selben Blauton und Islandmohn im selben Apricot gewählt. Funkien- und Artischokkenblätter sind die passende Ergänzung.

mit echten Blumen oder Blättern verstärken. Kresse ist das lebende Gegenstück zum typischen Muster eines Villeroy-und-Boch-Geschirrs, Weidenzweige bilden die passende Ergänzung zu blau-weißem Porzellan mit Weidenmuster.

Achten Sie auch auf die Höhe des Tischschmucks. Es ist störend, wenn die Gäste sich gegenseitig in einem Urwald aus Grün und Blumen ausspähen müssen. Für Tischgespräche sind flache Schalen aber nicht die einzige Lösung. Man kann auch langstielige Blumen verwenden, die unteren Blätter entfernen und sie in eine hohe, schlanke Vase stellen, so daß eine grüne Säule entsteht, die sich oben über den Köpfen der Gäste in einer Wolke aus Blüten und Blättern ausbreitet. Dazu eignen sich Margeriten gut: ihr graugrünes Blattwerk, ihre weißen Blüten und festen, schlanken Stengel sind als Tischschmuck unbezahlbar. Zusätzlich können Sie an den Seiten ein paar Gewächsranken herunterhängen lassen. Aus der Nähe betrachtet, ist jedes Detail einer Blume sichtbar, deshalb sollten Sie nur makellose Exemplare wählen.

Links: **Saftige grüne Äpfel und grün getönte Schneeballblüten verstärken sich in ihrer Wirkung gegenseitig und sind Inbegriff von Frische und Gesundheit. Eine schlichte weiße Schale lenkt die Aufmerksamkeit auf diese etwas ungewöhnliche Kombination.**

Oben: **Ein Detail des Tischschmucks von der gegenüberliegenden Seite. Auch die über Kreuz gestellten Stiele tragen das Ihre zum Gesamteffekt bei.**

HÜBSCHE GARNIERUNGEN

Wenn ein Tisch sich unter der Last allzu vieler Speisen biegt, ist ein üppiger Blumenstrauß gewöhnlich das erste, was man entfernt. Auf voll beladenen Tischen nutzt man den wenigen Platz am besten für kleine, einfache Blumenarrangements. Das gilt besonders für Teetische oder auf Beistelltischen servierte Party-Imbisse. Wählen Sie hier als Schmuck einen schlichten Krug mit Blumen oder einzeln auf Schalen angeordnete Sträußchen.

Ist der Platz sehr knapp, so nimmt man Blumen und Blattwerk am besten zur Garnierung der Speisen. Manche Gemüsearten, wie etwa die Feuerbohne, haben winzige Blüten, mit denen man Teller dekorieren kann. Man kann auch Platterbsen zusammen mit blühenden Wicken arrangieren, die derselben Gattung angehören, oder mit Erdbeeren – ein Kontrast, der für den Gourmet kaum ein Genuß, für das Auge aber ein Vergnügen sein wird. Garnieren Sie eine Käseplatte mit Roßkastanien, halben Feigen, Datteln oder Blüten. Auch die viktorianische Mode, Puddings mit in Puderzucker kandierten Rosenblütenblättern zu schmücken, ist wieder einen Versuch wert.

Erdbeertorte, eine Schale mit Früchten und mit Zitronenscheiben garnierter Eistee sorgen für reichlich Farbe bei dieser hochsommerlichen Teegesellschaft. Der Tischschmuck aus Blumen und Blättern kann deswegen farblich relativ gedämpft ausfallen – fliederfarbenes Schleierkraut, Abendblumen und *Alchemilla mollis* sowie eine moosartige *Helxine* im irdenen Topf.

Diese vier dekorativen Arrangements sollen ein Fest fürs Auge wie für den Gaumen sein. Die Anemonen (mit Zinnien kombiniert auf der Gurkensandwichplatte) sind das einzige, was man nicht essen kann. Zur Garnierung wurden außerdem frische Kräuter und Kiwischeiben verwendet, und jeder Teller zeigt Kontraste in Farbe und Struktur – zum Beispiel rote Anemonen und Erdbeeren mit lila Damaszenerpflaumen.

EIN ESSEN IM FREIEN

Eine zwanglose Mahlzeit im Freien kann zu einem denkwürdigen Ereignis werden. Es heißt oft, daß das Essen an der frischen Luft besser schmeckt. Blumenarrangements können dabei eine wichtige Rolle spielen. Allerdings müssen sie schlicht bleiben, um mit der Natur zu konkurrieren. Gerade hier wird die Absurdität von steifen, einengenden Drahtgestellen offensichtlich. Auch Schnittblumen sollten von solch korsettähnlichen Hilfsmitteln frei sein, damit sie dieselbe natürliche Anmut zeigen wie die Blumen in freier Natur.

Legen Sie bei einem Essen auf der Terrasse oder im Garten einen Blütenzweig auf den Tisch, oder garnieren Sie jeden Teller mit ein paar Kräutern; stellen Sie einen Korb oder Krug mit einem schlichten Strauß frisch gepflückter Blumen hin, die die ganze Pracht des Gartens widerspiegeln.

Reizvoll wirkt es, wenn Sie jede Serviette mit einer Weinranke oder einem biegsamen Geißblattzweig umranden, dessen weiße Blüten wohlriechend und dekorativ sind. Oder verschönern Sie jedes Gedeck mit einer Einfassung aus wildem Wein, über den Blumen gestreut sind.

Auch rohes Gemüse läßt sich als Tischschmuck verwenden. Selleriestangen, weißer Fenchel, Karotten, Blumenkohlröschen, Röhren von Frühjahrszwiebeln und rote Radieschen geben eine hübsche Umrandung für eine Saucenschale ab. Blätter von Krauskohl, Chinakohl, Radicchio und Endivien sehen an einem heißen Tag in einer Schale mit Eiswasser kühl und verlockend aus.

Links: **In diesem zwanglosen Arrangement fangen Glasvasen das sommerliche Sonnenlicht ein. Blühender Schnittlauch und Sellerieblätter sind mit rosa *Diascia* und rosa Glockenblumen kombiniert. Die Rosatöne harmonieren mit den Radicchioblättern und dem dekorativen Keramikdeckel rechts im Bild.**

Ganz links: **Für Tische im Freien ist es sinnvoll, Blüten und Zweige aus dem Garten zu nehmen statt Blumen vom Floristen. Nehmen Sie sich etwas Zeit, um den Garten nach den schönsten Blüten zu durchforsten. Hier habe ich mich für Funkien, eine einzelne Grasnelke, etwas *Alchemilla mollis*, Bergenienblätter und eine Handvoll Rosen und weißer Anemonen entschieden.**

Oben: Draußen muß man Blumen nicht mit derselben Präzision anordnen wie drinnen. Wählen Sie ein einfaches (aber nicht unbedingt unscheinbares) Gefäß und füllen Sie es mit einem bunten Strauß. Dieses zwanglose Arrangement in einem Krug mit passendem Blumenmuster besteht aus Funkienblättern, *Anemone japonica*, Bergenienblättern und Rosen.

ZIMMERSCHMUCK

Schnittblumen muß man immer im Zusammenhang mit der Gesamtdekoration eines Raumes sehen. Wenn man ein Blumenarrangement plant, muß man Möbelstoffe, Tapeten und Teppiche mit berücksichtigen – sogar Möbel und Zierat – und nicht nur Farbe, Form, Linie und Duft der Blumen in Beziehung zu ihren Behältern. Wenn man phantasievoll mit Blumen umgeht, kann man damit eine ganz bestimmte Atmosphäre schaffen – orientalischen Prunk, ländlichen Charme oder die Modernität einer Großstadtwohnung.

Die Beispiele im folgenden Abschnitt zeigen, welchen Beitrag Blumen zur Inneneinrichtung liefern können und wie man einen eigenen Stil hervorbringt. Viele dieser Entwürfe werden sowohl im Ganzen als auch in mehreren Details gezeigt. Bei manchen ließ sich Tricia Guild von den üppig verschnörkelten Mustern der Vergangenheit inspirieren; bei anderen bevorzugt sie eine graphische Einfachheit, die vielen zeitgenössischen Wohnungseinrichtungen entspricht.

Frische Blumen mildern die Strenge dieses in Blau gehaltenen Zimmers mit den üppigen Schnitzereien. Als Grundfarbe entschied ich mich für das Korallenrot in den Vorhängen, fand passende Rosen im Garten und fügte dann Rosen in anderen Farben hinzu, wobei ich das Grün der Henne mit Küken, die auf der Konsole steht, als Kontrast benutzte. Hoch aufragende Fenchelstiele und blau überpuderte Schmucklilien ergänzen das Bild.

SCHNELLER WECHSEL

Die Möglichkeit eines schnellen Wechsels der dekorativen Arrangements ist von entscheidender Bedeutung. Schaufensterdekorateure zum Beispiel können einen Hintergrund, der sich nie verändert, mit ein paar geschickten Handgriffen verwandeln. Auch Bühnenbildner wissen, wie wichtig ein rascher Szenenwechsel ist, um einen neuen Schauplatz ins Spiel zu bringen. Ähnliche Prinzipien gelten für Innenarchitekten, die mit Blumen Abwechslung schaffen wollen, um Stimmung und Gesamteindruck einer Umgebung zu verändern, die selbst unverändert bleibt.

Auch die schönste Einrichtung benötigt Blumen als Tüpfelchen auf dem i. Das kleinste Sträußchen kann vertraute Gegenstände in neuem Licht erscheinen lassen. Um die Möglichkeiten der Blumen optimal zu nutzen, muß man auch Bedingungen in Betracht ziehen, die sich durch Neuanordnung von Möbeln oder das Umstellen von Zierat ergeben.

Wenn Sie ein Lieblingsbild oder -plakat haben, sollten Sie überlegen, ob Sie eventuell einen Tisch mit Blumen in denselben Farben darunterstellen. Sie könnten auch die Klappe eines antiken Sekretärs öffnen, auf einer Arbeitsplatte ein Plätzchen freimachen oder einen Beistelltisch in den Lichtkegel einer Lampe rücken. All das erfordert nur ein wenig Phantasie und Flexibilität. Sie können mit Ihren Arrangements auch versuchen, Farben zu betonen oder Muster nachzuempfinden, die zum Beispiel auf Tapeten oder Vorhängen zu sehen sind. Vertraute Dinge werden neu belebt, wenn Blumen dazukommen. Machen Sie sich die Mühe, und Sie werden bald erkennen, wie aufregend solch kurzfristige Veränderungen sein können. Die Bilder hier und auf den folgenden Seiten illustrieren Beispiele eines zwanglosen Umgangs mit Blumen der sich bei einer traditionellen Einrichtung ebenso lohnt wie bei einer modernen.

Ein Wechsel des Blumenschmucks und des Zierats kann dasselbe Möbelstück völlig anders aussehen lassen. Im größeren Bild (ganz rechts) **ist der alte Sekretär mit blau-weißem Porzellan und einem Glaskelch mit blauen Hortensienblüten und *Stephanandra*-Blättern dekoriert. Legt man die Betonung mehr auf die rechte Seite und stellt links niedrige Holzgefäße und Schnitzerein sowie alte Bücher auf, fällt der Blick eher auf die kunstvoll gearbeiteten Kanten des Schreibpults und auf seine Form insgesamt** (rechts). **Die Gegenstände wurden so ausgewählt, daß sie mit dem sanft schimmernden Holz des Möbelstücks verschmelzen, statt wie das blau-weiße Porzellan damit zu kontrastieren.**

SCHNELLER WECHSEL

Ein moderner Druck in Schwarz und Gelb hat diese beiden Blumenarrangements inspiriert, die von der Stimmung her ähnlich, in den Farben aber radikal verschieden sind. Links habe ich eine gelbe Vase gewählt, die farblich und von der Form her annähernd der Vase auf dem Bild entspricht. In den gelben Blüten und im dunkelbraunen, skulpturartigen Gefäß wiederholen sich die Farbtöne des Bildes, die rosa Lilien liefern den einzigen Kontrast. Ganz anders die ausschließliche Verwendung von weißen Gefäßen und weißen Gladiolen (rechts): **hier dominiert das Bild wesentlich stärker.**

BLUMEN IN HÜLLE UND FÜLLE

Dieses Wohnzimmer macht aus seinem Übermaß an Blumen eine Tugend – selbst die Gemälde sind Blumenstudien. Indem ich die Blumen ganz ungeniert als Hauptthema wählte, versuchte ich, ein starkes Gefühl von Einheitlichkeit zu erzeugen und den Raum mit pulsierendem Leben zu erfüllen. Die Photos auf der gegenüberliegenden Seite und auf den Seiten 114–115 zeigen Details der Einrichtung.

In dem hier abgebildeten Wohnzimmer herrscht eine verschwenderische Fülle von Blumenmustern auf Wänden, Fenstern und Möbeln. Bei so vielen Blumenmotiven auch noch frische Blumen einzubeziehen, erfordert beherztes Vorgehen – sie brauchen üppige Stäuße, nicht einzelne Blüten oder zarte Zweige. Eine Vase mit Rosen auf einem Beistelltisch würde in diesem Raum untergehen, da sie sich von der Gesamtdekoration nicht abheben würde; große Buketts dagegen sind hier genau das Richtige, da sie die Farbzusammenstellung ergänzen und den Eindruck verschwenderischer Blütenpracht zusätzlich verstärken.

Die Hauptfarben des Raumes sind als bunte Gartenblumensträuße in Rot, Blau und Lila gleichmäßig über das Zimmer verteilt. Anschließend werden einige Akzente gesetzt. So treten zwischen Massen magentaroten Rhododendrons einzelne eisgrüne Schneeballblüten in den Vordergrund. Die einzige Kontrastfarbe, die in diesem Raum völlig unangemessen wäre, ist Gelb, da es für die karmesinroten bis blauen Farbtöne zu warm wäre.

Das Größenverhältnis ist ein weiterer wichtiger Faktor. Die Größe von Blumenarrangements sollte der Größe von Stoff- und Tapetenmustern sorgfältig angepaßt werden. Vorhänge zum Beispiel, deren Blumenmuster stark senkrecht ausgerichtet ist, brauchen als Ergänzung eine hohe Vase mit bunt gemischten Gartenblumen auf einer Konsole – ein kleines Arrangement würde neben dem Gardinenmuster winzig wirken.

Gerade geschnittene Räume ohne archtitektonische Besonderheiten kann man durch eine kunstvolle Kombination aus frischen Blumen und verschiedenen Blumenmustern beleben. In diesem Fall war der Raum ziemlich hoch, aber das Schema ließe sich ebensogut in einem kleinen, modernen Appartement anwenden. Gemusterte Wände machen einen Raum nicht unbedingt kleiner, wie vielfach angenommen wird. Die Koordination von Blumenmustern kann ein kleines Zimmer vereinheitlichen, statt es zu teilen, wie das bei einfarbigen Wänden eventuell der Fall wäre. Blumenmuster können einen bescheidenen Raum imposanter erscheinen lassen und auch dem anonymsten Wohnsilo Persönlichkeit verleihen.

In einem geätzten Glaskelch (der im 18. Jahrhundert als Behälter für Sellerie entworfen wurde) habe ich einen zwanglosen Strauß aus scharlachroten Papageientulpen, rosa Inkalilien, rosa Rosen, Rittersporn und Möhrenblüten arrangiert. In den Blumen wiederholen sich in dunkleren Tönen die Farben des Chintzvorhangs. Die blau-goldene französische Vase paßt im Stil zu dem Glaskelch und bestimmt mit ihrem Kobaltblau wesentlich die Komposition.

BLUMEN IN HÜLLE UND FÜLLE

Eine Ecke des auf den vorangegangenen Seiten beschriebenen und illustrierten Wohnzimmers in Großaufnahme. In den Blumen wiederholen sich die Farben des dekorativen Hintergrundes, allerdings in kräftigeren Tönen. Die flache Schale enthält Azaleen in satten Farben und eine gesprenkelte violette Inkalilie. In der größten Vase stehen Apfelblüten, Rittersporn und die 'Stargazer'-Lilie mit einem einzelnen Buntwurzblatt, dessen pflaumenrote Mitte an die Farbe der Gefäße und des orientalischen Schals rechts im Bild anklingt. In der kleineren Vase sehen wir Rittersporn und eine rosa Rose. Alle drei Sträuße bekommen durch Schneeballblüten einen einheitlichen Farbakzent.

In diesem Bild sieht man die Schale mit den Azaleen und Inkalilien noch genauer, wobei lindgrüne Schneeballblüten *(Viburnum opulus)* den lebhaften Farbakzent für dieses Arrangement einer magentaroten Schüssel mit rosa Blumen liefern.

Zwei Papageientulpen dominieren in diesem Sträußchen für den Kaffeetisch, das außerdem einzelne Ritterspornblüten und grünen Schneeball enthält.

DER UMGANG MIT DER TRADITION

Die Kombination von Alt und Neu bedeutet für den Innenarchitekten immer eine Herausforderung. Jeder, der ein altes Möbelstück erbt, aber eigentlich eine moderne Einrichtung vorzieht, kennt das Problem. Die vergängliche Schönheit frischer Schnittblumen kann das Antike mit dem Modernen auf elegante Weise verbinden. Gehen Sie verschwenderisch mit Blumen um, verteilen Sie sie so im Raum, daß die Aufmerksamkeit auf einzelne Gegenstände gelenkt und das Ganze vereinheitlicht wird. Das verstärkt die Atmosphäre von Ruhe und Eleganz und verhindert, daß der Raum unpersönlich wirkt.

In traditionell eingerichteten Wohnungen findet man häufig eine Art Sockel mit einer Schale darauf, die ein steifes, drahtiges Blumengebinde enthält. Das war zwar vielleicht in der Vergangenheit einmal passend und der Umgebung angemessen, läßt aber moderne Möbel daneben völlig fehl am Platz erscheinen und nimmt den Blumen jede Möglichkeit zur spontanen Entfaltung. Wenn ein relativ formell gestalteter Raum frischer und lebhafter wirken soll, ist es wesentlich besser, wenn man die Blumen so frei ranken und wuchern läßt, wie sie normalerweise im Garten oder in der freien Natur wachsen.

Diese drei Bilder zeigen Details aus dem luxuriös ausgestatteten Wohnzimmer, das auf den Seiten 106–107 vorgestellt wurde.

Links unten: **Duftende, hochsommerliche Rosen haben eine samtene Schönheit, die für eine vornehme Einrichtung wie diese genau das Richtige ist. Zusammen mit Kerzen und Obst (wie auf dem Bild ganz rechts) entsteht daraus eine Komposition, die von den gemalten Stilleben des 18. Jahrhunderts inspiriert ist.**

Unten: **Dieses romantische Arrangement basiert auf bewußt eingesetzten Größenunterschieden. Direkt hinter und rechts neben den Rosen steht eine hohe Vase mit kleineren Blüten und zartem Blattwerk – hellblaue Schmucklilien, Fenchelstiele, das dunkelgrüne Blatt einer *Bocconia* und *Eremurus*. Die größere Aufnahme dieses Raumes (Seite 106–107) zeigt, wie dieses Detail dem Nebeneinander von kräftig gemusterten Vorhängen und den zarteren Gardinen dahinter nachempfunden ist.**

Rechts: **Eine andere Ansicht des ganz links illustrierten Stillebens. Rosen und Früchte erzeugen eine Atmosphäre von verschwenderischem Überfluß, die an alte Zeiten erinnert, in ihrer Zwanglosigkeit aber auch gut zu den modernen, gemusterten Stoffen paßt.**

STILLE ECKEN

Die Chaiselongue ist ein Symbol für den privaten Rückzug – teils zum Schlafen, teils zum Ausruhen, und an einem abgeschiedenen Ort. Das muß jedoch kein separater Raum sein: ein Teil des Schlafzimmers, zum Schutz gegen Lärm und andere Zudringlichkeiten mit Vorhängen abgetrennt, reicht schon aus. Sanfte Pastelltöne unterstreichen den Eindruck von Ruhe und Luxus. Zartes Rosa, Violett, Blau und Grün sind hier die richtigen Farben, die mit passenden Stoffen den Hintergrund für Blumen abgeben, die in harmonischen Arrangements über den ganzen Raum verteilt sein können.

Wenn Sie sowohl mit Blumenmustern als auch mit den Blumen selbst verschwenderisch umgehen, besteht keine Gefahr, daß dieser kleine Rückzugsbereich optisch noch kleiner wirkt. Der Effekt ist eher romantisch und freundlich, gemütlich und beruhigend.

Oben: **Wenn man Blumen an verschiedenen Punkten eines Raumes verteilt, empfiehlt es sich, die Höhe der Gefäße und die Länge der Stiele zu variieren. Am höchsten Punkt dieses Ankleidezimmers steht eine Vase mit grünem Fuchsschwanz, rosa 'Perfection'-Lilien, Hortensien und einigen *Stephanandra*-Blättern.**

Oben rechts: **Dieses Ankleidezimmer mit Chaiselongue und behaglichem Sessel, in dessen Bezug sich die Farben der Vorhänge wiederholen, hat die Proportionen eines Wohnzimmers. Die Farben sind kühl und ohne jeden grellen Ton, die Blumen in Violett, Rosa und Lila wurden bewußt dezent ausgewählt.**

Ganz rechts: **Am Zimmerfenster steht ein Strauß aus Hortensien, *Thalictrum*-Blüten, *Eryngium* und den Blättern von *Stephanandra* und Henne mit Küken. Der Stoff auf dem Beistelltisch wurde absichtlich lässig drapiert, damit das Ganze etwas zwangloser wirkt.**

MONOCHROME INNENRÄUME

Links: **Die Grundfarben dieses fast monochromen Wohnzimmers sind Torfbraun, Sandgelb und Schiefer, die in ihren verschiedenen Schattierungen die Chintz-Vorhänge, die gepolsterten Stühle, die Wandverkleidung, den Teppich und sogar den Anstrich der Balkontür zu einer Einheit zusammenfassen. Frisches grünes Laub hebt sich leuchtend vor dem neutralen Hintergrund ab und ist ein optisches Echo auf die Pflanzen vorm Fenster. Im Vordergrund steht ein runder Tisch, der üppig mit Blättern und Früchten dekoriert ist (siehe unten).**

Unten: **Diese Nahaufnahme des Tischschmucks im selben Wohnzimmer zeigt, wie man mit Obstschalen satte Farbakzente setzen kann. Die Blätter von Henne mit Küken und Funkie, eine einzelne Schneeballblüte, etwas Eichenlaub und pflaumenrot gesprenkelte Buntwurzblätter präsentieren sich in einem Arrangement aus Kaktusfeigen, Feigen, grünen Zitronen und leuchtendroten Erdbeeren.**

Rechts: **Das frische grüne Laub gibt diesem Stilleben von eichelförmigen, handgeschnitzten Weinkühlern aus altem Eichenholz, das auf der Konsole des links abgebildeten monochromen Wohnzimmers steht, etwas Frühlingshaftes. Gegen die strenge, altmodische Eleganz der klassischen Holzgefäße heben sich die ersten grünen Blätter von Eiche und Ahorn ab. Sie wurden hier mit Wolfsmilch und Schneeball kombiniert.**

Räume, die ganz in einer Farbe gehalten sind, können phantastisch aussehen, wenn Sie wirklich bewußt bei dieser Lieblingsfarbe bleiben. Jede andere Farbe verdirbt den Effekt.

Einfarbige Räume können Blumen und Blätter leuchtender aussehen lassen. Wenn die Umgebung neutral ist, verteilen Sie eine Blumensorte großzügig im ganzen Zimmer. Blumen im Farbton der Einrichtung sehen sehr gut aus, so daß Sie Kontraste nur als gelegentlichen Akzent verwenden oder ganz darauf verzichten sollten. Ist die Dekoration in Grau und Schwarz gehalten, bieten sich silbrige Blätter und weiße Blüten als Ergänzung an. Bei so gedämpften Farben wirken jedoch auch große Blumensträuße in kontrastierenden Farben auffallend, aber nicht zu grell. Um die farbliche Eintönigkeit aufzulockern, sollten Sie Blumen mit unterschiedlichen Formen wählen und auch Blätter hinzufügen – zum Beispiel blaugrünes Blattwerk und Fencheldolden, kombiniert mit samtigen Blüten.

FERNÖSTLICHE NOSTALGIE

Links: **Die türkisfarben bezogenen Sessel in Robin Guilds im fernöstlichen Stil eingerichteten Wohnzimmer geben bei der Auswahl der Pflanzen den Ton an. Strohblumen, gelb blühender Fenchel und rosa Hortensien liefern leuchtende Kontraste. Die grüne Henne mit Küken auf dem Piedestal paßt zu dem Ambiente des 19. Jahrhunderts.**

Die mit Schnitzereien reich verzierten Sessel in Robin Guilds Londoner Wohnzimmer wurden um die Jahrhundertwende von indischen Handwerkern hergestellt und beschwören als Kontrast zur modernen, roh gezimmerten Holztäfelung die Erinnerung an eine andere Zeit und einen anderen Kontinent herauf. Die als Beistelltische benutzten Truhen verstärken die von Antiquitäten und Reisen geprägte Atmosphäre und bieten sich gleichzeitig für Blumenarrangements an. In einer relativ begrenzten Umgebung wie dieser fallen Strukturen und Formen stärker ins Auge als in einem größeren Raum, deshalb sollte man Blattwerk und Blumen möglichst kontrastreich anordnen.

Oben: **Das Arrangement auf dieser weitgereisten Truhe bietet eine Vielzahl verschiedener Strukturen und Laubwerk in unterschiedlichen Schattierungen, darunter das seidig graue Heiligenkraut.**

Links: **Bei diesem Arrangement auf dem Kamin wiederholt sich die Farbe der Sesselbezüge am anderen Ende des Raumes in den türkisfarbenen Vasen und im Hintergrund des gerahmten Bildes. Ein anderer Blauton wird von der Jungfer im Grünen beigesteuert, die mit den weißen Blumen kontrastiert – 'Snow-Princess'-Lilien, weißen Levkojen, den margeritenartigen Blüten von Kamille und den winzigen weißen Sternchen einer im Treibhaus gezogenen *Bouvardia*.**

ESSZIMMER

Ist der Platz sehr knapp, wie das in modernen Appartements häufig der Fall ist, so verzichtet man als erstes oft auf ein separates Eßzimmer. Heutzutage ißt man in der Küche oder im Wohnzimmer. Hat man jedoch das Glück, über ein Eßzimmer zu verfügen, mit einem Tisch, der nur gelegentlich für Einladungen benutzt wird, so ist dies der beste Ort für üppige Blumenarrangements. Kombinieren Sie kühne Farben mit ungewöhnlichen Behältern. Es besteht kein Grund, bis auf einen schmalen Rand nicht die ganze Tischfläche vollzustellen.

Rechts oben: **Ich finde, ein leerer Eßtisch strahlt etwas Erwartungsvolles aus, das irgendwie zum Handeln einlädt – deshalb stelle ich mit Blumen gefüllte Vasen darauf und arrangiere sie zu einem großformatigen Stilleben. In diesem Fall gibt es einen beabsichtigten Kontrast zwischen Hell und Dunkel. In den sechs Gefäßen stehen von links nach rechts *Thalictrum*, bunte Wicken, *Anemone japonica* und grüne Muschelblumen; in den letzten drei Sträußen sind Wicken mit panaschierten Gräsern und Spargelkraut kombiniert.**

Rechts: **In gläsernen Tischplatten spiegeln sich die Gefäße – und auch die Blumen selbst, wenn der Blickwinkel steil genug ist. Farbe und Muster haben dadurch doppelte Wirkungskraft.**

Die Holzverkleidung in diesem Eßzimmer wurde anthrazit gebeizt und matt lackiert. Vor einem so dunklen Hintergrund müssen sich Blumen kräftig abheben, wie es bei diesen Amaryllisblüten und Nerinen mit ihren grünen Farbtupfern aus Geranienblättern der Fall ist. Die leuchtenden Farben und die graphischen Linien des Arrangements passen gut zu dem Druck von Thomas Denny.

EIN SCHUSS FARBE

Farbakzente machen einen Raum lebendig. Man kann eine ganze Reihe von Farben durch eine einzige sorgfältig ausgesuchte Blüte akzentuieren. Ihre Wirkung hängt von der Umgebung ab. Zart gemusterte Pastelltöne geben einen guten Hintergrund für Farbtupfer – etwa in Lindgrün – ab, sind aber nicht so wirksam wie ein raffiniert gewählter Farbakzent zu einfarbig weißen Wänden und schlichten Stoffen in kühnen Farben.

Besonders gelungene Akzente setzt man mit Blumen, wenn sich in ihnen ein unauffälliger farblicher Aspekt der Gesamtdekoration wiederholt – zum Beispiel ein Farbtupfer in einem sonst neutralen Teppich oder die Paspel eines Kissens.

Farbakzente mit Blumen lassen sich leichter wechseln als vergleichbare Veränderungen von Anstrich oder Textilien, deshalb kann man ruhig experimentieren. Schlägt das Experiment fehl, so kann man es mit einem Minimum an Aufwand noch einmal anders versuchen.

Oben: **Blumen sind bewegliche Gegenstände; sie müssen nicht da bleiben, wo man sie hingestellt hat, vorausgesetzt, der neugewählte Platz bietet einen passenden Hintergrund. Der Gerberastrauß diente erst zur farblichen Akzentuierung eines Wohnzimmertisches (rechts), doch als der Tisch dann für andere Zwecke gebraucht wurde, konnte man die Blumen einfach auf den Tisch in der Ecke stellen (oben), wo sie die Wirkung der Tuberosen verstärken.**

Rechts: **Dieser in zwei Tönen gehaltene Raum ist in den neutralen Naturfarben von Stein und Erde eingerichtet und wird durch kräftiges Scharlachrot akzentuiert. Das Rot taucht in den Streifen der Webvorleger und in der gesprenkelten Musterung des Tisches auf, rot ist eines der Kissen und eine Blume auf dem Gemälde. Auch die Jalousien haben rot kontrastierende Schnüre. Die Blumen greifen diesen Ton auf – Gerbera in Scharlachrot und Zinnober, zur Abwechslung auch in Orange. Als Kontrast habe ich sie mit lindgrünen Zinnien (unter dem Bild) ergänzt; und damit das Ganze auch duftet, stellte ich noch einen Glaszylinder mit langstieligen weißen Tuberosen daneben.**

EIN SCHUSS FARBE

Diese Photos zeigen meine eigene Wohnung im Londoner Stadtteil Chelsea, die in Elfenbein und Cremeweiß gehalten ist und durch Blumen und Farbtupfer von Stoffen, Verzierungen, ein paar Möbelstücke und dekorative Kleinigkeiten akzentuiert wird. Obwohl der Raum eigentlich einfarbig ist, erzeugen Blumen und Gegenstände zusammen die Wirkung eines lebhaften Musters.

Links: **Wenn der Hintergrund neutral ist, heben sich auch harte Farben deutlich ab. In diesem Wohnzimmer wiederholt sich in den weißen Blüten von Zimmerkalla und Königslilie in einer hohen Vase auf dem Kaminsims die Grundfarbe der weißen Wände, des Holzanstrichs und der Blumen in dem modernen Gemälde dahinter. Zusätzliche Farbe liefern ein paar rosa Lilien.**

Rechts: **Die farbliche Akzentuierung durch Blumen und sparsam verteilte dekorative Elemente, wie etwa den anthrazitfarbenen Besatz auf den Jalousien und die bunt verstreuten Kissen, ist ein wichtiger optischer Beitrag zu dieser Studie in Cremeweiß. Auf dem Kaminsims sieht man Hahnenfuß und eine hohe Vase mit *Clivia* und jungen Ahornzweigen. Neben mir auf dem Tisch steht ein Glasgefäß mit Hahnenfuß, hinter mir sind cremefarbene Tulpen. Der Krug auf dem Korbtisch enthält Magnolienzweige und grüne Zimmerkalla.**

Rechts: **Ein Tisch mit Glasplatte benötigt auch in einem engen Flur nur wenig Platz. Ich habe die Vasen mit blühenden Zweigen (von Kirsche, Quitte und Schlehe) gefüllt, die den Blick nach oben lenken. In solch schmalen Räumen sollen Arrangements senkrecht ausgerichtet sein, nicht in die Breite gehen.**

GRAPHISCHE EINFACHHEIT

Rechts: **In diesem modernen kleinen Appartement haben Jalousien, Stellwand und Sofabezug gewellte, vertikale Streifen, die mit der Geometrie der Tischbeine kontrastieren. Die Blumen wurden so arrangiert, daß sich das Thema Überkreuzung darin wiederholt, das außerdem von den schrägen Pinselstrichen der modernen Gemälde an der Fensterwand aufgenommen wird. Auf den niedrigen Tischen stehen Abendblumen, 'Stargazer'-Lilien und Inkalilien.**

Links: **Eine Nahaufnahme des zentralen Arrangements in dem rechts abgebildeten Zimmer. Selbst die Storchenmotive auf den beiden blauen Vasen sind über Kreuz angeordnet wie die schräggestellten Stengel der Zimmerkalla. Auf dem ungewöhnlichen eckigen Teller liegt eine 'Rubrum'-Lilie.**

Moderne Räume ohne architektonische Besonderheiten sind schwer mit Blumen zu gestalten. Sie unterscheiden sich von traditionellen Wohnräumen nicht zuletzt deshalb, weil Zimmergröße und Deckenhöhe normalerweise reduziert sind. Deshalb müssen Sie sich die vertikale und horizontale Ausrichtung Ihrer Blumenarrangements genau überlegen.

Wichtig ist die Wahl ausdrucksvoller Blumen, da der Hintergrund meistens einfarbig oder auffallend gemustert ist. Entsprechend müssen Ihre Arrangements graphisch durchkomponiert sein. Sie sollten besonders darauf achten, daß Sie die Blumen dort plazieren, wo es sonst kahl und leer aussehen würde. In einer modernen Wohnung haben nicht allzu viele Blumen Platz: Zurückhaltung ist hier eher angebracht als verschwenderische Fülle.

Eine einzige Blüte oder Blumenart in einem schlichten, viereckigen Glas ist einfach, aber wirkungsvoll. Innerhalb einer Spezies kann man mit subtilen Farbabstufungen und Laubwerk in verschiedenen Strukturen variieren. Eine andere Möglichkeit ist, unterschiedliche Blumen derselben Farbe zu wählen, zum Beispiel zehn rote Blüten wie Mohn, Schmuckkörbchen, Geranien und Salbei. Diese Blumen verschwimmen im Freien, wenn man sie von weitem sieht, zu einem einzigen Farbfleck, in einem schlichten Innenraum und von nahem betrachtet, sind die Unterschiede in Form, Farbe und Struktur jedoch deutlich zu erkennen.

SCHLAFZIMMER

Ein Wandspiegel verdoppelt die Wirkung dieser Blumen in dem gegenüber (oben) abgebildeten Schlafzimmer. Wir sehen rosa blühende Spieren, einfache und gefüllte Levkojen, Lilien und Gartenrosen.

Ein bißchen Luxus ist in einem Schlafzimmer wichtig, auch wenn der Platz noch so beengt ist. Ein komfortables Bett mit einladend weichen Kissen ist der ideale Zufluchtsort. Außer Textilien können sie auch hier Blumen ins Spiel bringen, in ruhigen Pastellfarben und mit duftenden Blüten.

Nachttische sind immer niedrig; das heißt, daß man auf darauf abgestellte Blumensträuße hinabsieht. Kompakte Arrangements in rundlicher Form, die man von allen Seiten betrachten kann, eignen sich am besten. Die Gefäße sollten einen festen Stand haben, damit Sie sie nicht etwa umkippen, wenn Sie die Nachttischlampe ausschalten.

Gestalten sie Ihre Blumensträuße fürs Schlafzimmer relativ einfach, wenn Sie nicht sehr viel Platz haben. Kontrastfarben wirken in den meisten Schlafzimmern zu lebhaft, deshalb begrenzen sie Ihre Farbpalette, damit die Blumen mit den Farben der Stoffe harmonieren.

Die förmliche Eleganz eines weiß und grau drapierten Schlafzimmers mit wohlriechenden Blumen – Rosen, duftendem Jasmin und im Vordergrund wieder Rosen mit *Lilium longiflorum*, Levkojen und weißem Flieder. Mit blühendem Möhrenkraut wurden hier und da ein paar Tupfer gesetzt.

Unten links: **Den Reiz ländlicher Frische erhält diese Frisierkommode durch blaßrosa Levkojen, Apfelblüten und kleine Rosen, die alle in einem eckigen weißen Keramikbehälter schwimmen, der fast wie ein künstlicher Miniatur-Lilienteich aussieht.**

SCHLAFZIMMER

Links oben: **Rosen werden nur selten wegen ihrer Blätter und Hagebutten geschnitten. Für dieses Schlafzimmer unter dem Dach habe ich jedoch das Laub und die grünen Hagebutten von Gartenrosen abgeschnitten, um die Blätter auf Tischtuch und Kissen stärker hervorzuheben.**

Oben: **Eine Chaiselongue, die so mit Vorhängen abgeschirmt ist, daß sie einem Himmelbett ähnelt, wird zu einem in sich abgeschlossenen Platz in einem geräumigen Schlafzimmer. Zurückhaltender Blumenschmuck markiert zusätzlich die Grenze zwischen den beiden Bereichen. Die Tulpen sind eine Ergänzung des Stoffmusters, links daneben stehen Anemonen.**

Rechts: **In diesem Schlafzimmer wiederholen sich die sanft schimmernden Farben auf dem Bild des französischen Malers Vuillard in den matten Pastelltönen der Blumen. Rosa und weiße Hortensien wurden mit *Eupatorium purpureum*, rosa Spieren *(Spiraea salicifolia)* und blauer Jungfer im Grünen *(Nigella)* kombiniert.**

DER ERSTE EINDRUCK

Salomonssiegel, *Cornus* 'Elegantissimus' oder panaschierter Hartriegel und junge, frühlingshafte Buchenzweige wurden in dieser Diele auf einer Truhe zu einem Willkommensgruß zusammengestellt (links); **in den Krügen ganz rechts stehen Sternhyazinthen, Gräser und Laubwerk.**

Links: **Blumen im Flur sollten einladend wirken, aber keine steifen, förmlichen Gebinde sein, die an eine Hotelrezeption erinnern. Stellen Sie Blumen und Blattwerk zwanglos zwischen den Alltagskram, der sich in einer Diele ansammelt. Hier wird das Durcheinander aus alten Lederkoffern und Schirmständern durch rosa *Eupatorium, Anemone japonica* und Spieren sowie gelbe Chrysanthemen und Kamillenblüten belebt.**

Unten: **Ein improvisiertes Sträußchen muntert diese Gefäße mit wohlriechenden Kräutern farblich etwas auf, deren trocknende Blätter den Flur mit Duft erfüllen sollen. Ein üppiger, bunter Blumenstrauß hätte die danebenstehenden Kräuter wahrscheinlich noch welker aussehen lassen, deshalb habe ich nur ein paar einjährige Chrysanthemen, den löwenmaulähnlichen *Mimulus* und einige Geranienblätter genommen.**

Beim Betreten einer Wohnung sollten Bewohner wie auch Gäste mit einer Überraschung empfangen werden – aber auch mit liebgewordenen Erinnerungen. Frische Blumen sind genau das Richtige, um Abwechslung in eine vertraute Umgebung zu bringen.

Lassen Sie Ihren Flur nicht zum leblosen Durchgangsraum und Aufbewahrungsort für Mäntel und Regenschirme verkommen. Wenn etwas Platz da ist, beleben Sie ihn mit einem Tisch und täglich frischen Blumen. Damit Sie möglichst viel davon haben, stellen Sie sie an eine natürliche Lichtquelle, und achten sie darauf, daß etwaiges künstliches Licht keine düsteren Schatten wirft.

In Wohnungen, wo der Raum knapp ist, kann die Diele zu einem wichtigen Abstellplatz werden – für Bücherregale oder eine Truhe mit Spielen, Winterkleidung oder Werkzeug. Mit etwas Phantasie werden Sie diesen praktischen Erfordernissen gerecht und schaffen gleichzeitig den Rahmen für ein reizvolles Blumenarrangement. Eine Truhe kann Abstellfläche für Vasen und Schalen sein, und Bücherregale sehen sicher besser aus, wenn Sie die Buchreihen hin und wieder durch Blumen beleben.

Betonen Sie den Stil Ihres Hausflurs durch die Wahl des richtigen Behälters. Für einen schwarz-weißen Fußboden mit Schachbrettmuster kann ein hoher, urnenförmiger Krug ideal sein. Für den gefliesten Boden in einem Landhaus könnte man sich Körbe vorstellen, während zu Terrakottaziegeln vielleicht eher ein Steingutkübel oder blau-weißes Porzellan auf Holztischen paßt.

WINTERGÄRTEN

Links: **Um den Stil der Einrichtung zu wahren, sind die Fenster in diesem wintergartenartigen Raum mit einer eleganten Rüschenjalousie verkleidet statt mit der sonst üblichen Außenmarkise. Hahnenfuß und die 'Peach-Blush'-Lilien ganz rechts greifen das Apricot der Jalousie auf und verbinden dadurch die beiden Hälften des Raums miteinander. Man sieht auch, wie gut sich der auf dem Fußboden stehende hohe Ahorn gegen den aprikosenfarbigen Hintergrund abhebt.**

Unten: **Korbgeflecht wirkt in einem Wintergarten zwanglos und sommerlich. Hier habe ich einen großen Korb als Stellfläche für zwei Sträuße genutzt, die ganz verschieden hoch sind – Lilien 'Peach-Blush' und 'Mont Blanc' mit Silberbirke in einem hohen Glaszylinder und Hahnenfuß, *Euphorbia robbiae* sowie spitze Funkienblätter in der glasierten Vase. Um die Komposition zu vereinheitlichen, habe ich noch zwei Lilien genommen, die Stiele gekürzt und sie mit in das linke Gefäß gestellt.**

Rechts: **Die lustigen Töpfe aus den 20er Jahren geben hier den Ton an und verlangen nach auffallenden Blumen, Blättern und Früchten. Zwischen den Geranienblättern heben sich gelbe Schafgarbe und scharlachrote Nerine deutlich ab. Eine flache Schüssel enthält Tomaten und Liebstöckel. In den Erdbeeren, Reineclauden, Zitronen und grünen Trauben setzen sich die Hauptfarben fort. Die Vase enthält panaschierte Funkienblätter und Alpenveilchen in zarteren Tönen.**

Sonnenräume, Wintergärten, verglaste Veranden und andere Räume, die als Eß- oder Wohnzimmer die Wohnräume und den Garten miteinander verbinden, lassen beides ineinander übergehen. Ein ähnlicher Effekt entsteht, wenn ein Wohnzimmer französische Fenster hat, die auf den Garten hinausgehen. Frische Blumen gestalten den Übergang noch feiner und machen einen solchen Raum besonders attraktiv, wenn sie nicht nur die Verbindung nach draußen, zum Garten hin herstellen, sondern vor allem auch zur angrenzenden Wohnung. Damit ein Wintergarten nicht isoliert wirkt, wählen Sie Blumen und Möbel als Ergänzung zur gesamten Wohnungseinrichtung, so daß man diesen Raum als eine Erweiterung des inneren Raumes ansieht.

FENSTER

Fensterbretter, auf denen Blumen stehen, sind eine Verbindung nach draußen. Das trifft sogar für eine Stadtwohnung im obersten Stockwerk zu, die weder Balkon noch Garten hat; hier ist der Himmel ständig wechselnder Hintergrund für eine Schale mit Blumen. Manchmal sind auch noch Rankgewächse an der Außenwand in das Arrangement mit einbezogen.

Normalerweise ist ein Fensterbrett ziemlich schmal, ein Mangel, der sich dadurch ausgleichen läßt, daß man den Blumenstrauß eher in die Höhe ausrichtet. Allzu üppige Sträuße nehmen aber zuviel Platz ein und versperren den Ausblick.

Stimmen Sie die Farbe der Blumen auf die Fenstervorhänge ab. Gardinen mit Blumenmuster können als Anregung für die Farbzusammenstellung eines Straußes dienen, und etwaige Farbakzente in der Garnierung – Schleifen, Paspeln etc. – sollten sich bei den Blumen wiederfinden. Sind die Vorhänge reich verziert, so ist es vielleicht am wirkungsvollsten, sie mit der Schlichtheit von Gräsern und Wiesenblumen zu kontrastieren. Schmucklose Jalousien dagegen werden durch exotische Blüten, etwa Orchideen, aufgewertet.

Ein Fenster ist wie ein Bilderrahmen, der das Blumenarrangement betont. Einfachheit ist gewöhnlich das Beste.

Links oben: **Asymmetrisch drapierte Vorhänge mit gedämpftem Blumenmuster rahmen ein Arrangement aus Gartenblumen ein, zu dem violette Wicken und geschwungene Grasbüschel gehören.**

Oben: **Eine Nahaufnahme desselben Arrangements auf einem Tisch vor dem Fenster zeigt, wie die Wicken, Gräser und Skabiosen sich über kleinere Sträuße in derselben Farbzusammenstellung neigen.**

Fensterläden schaffen einen Hintergrund aus horizontalen Streifen, der stark mit dem Blumenstrauß kontrastiert. Hier wurden Zweige aus dem Garten – Birnen- und Holunderblüten, Schneeball, ein paar Rosen mit Knospen und panaschierter Efeu – einfach in ein viereckiges Glasgefäß gestellt.

FENSTER

Ein Fensterladen aus gebleichtem Holz ist der geradlinige Hintergrund für dieses rundlich geformte Arrangement. Graugrün gesprenkelte Blätter von Alpenveilchen, das lindgrüne Laub einer Henne mit Küken und die kugelförmige, violette Blüte einer Hortensie quellen aus einer blau glasierten Vase. Eine einzelne lindgrüne Zinnie betont mit ihrer etwas grellen Farbe die kompakte Form des Straußes. Vier lange lila Wegmalven ragen daraus empor; sie machen aus dem Ganzen etwas Nichtalltägliches und liefern den vertikalen Ausgleich zu den waagerecht verlaufenden Leisten des Fensterladens. Wenn Sie ihre Hand über die Malvenblüten legen, sehen Sie, wie sehr die Komposition verliert: die fehlende Höhe reduziert das Arrangement auf eine langweilige Anhäufung von Blumen.

Gegenüber: **Nur ein starker Lichtstrahl lenkt den Blick auf dieses weißgestrichene, vorhanglose Fenster eines Landhauses. Soviel Schlichtheit erfordert ähnliche Zurückhaltung bei der Auswahl der Blumen: Üppige Blüten in massiven Gefäßen wären hier zuviel des Guten. Ich habe mich statt dessen für zarte Blumen in einer Reihe von Lüsterglasbehältern mit Blumenmuster entschieden, von denen zwei leer blieben. Im Mittelpunkt steht ein Krug mit blauen Kornblumen, rechts daneben hochwüchsige gelbe Schafgarbe mit grüner Kermesbeere über einem Kranz duftender Geranienblätter. Der kompakte Strauß aus Begonienblättern in einer Schale ist der Schlußpunkt des Arrangements. Die lange Reihe von Gefäßen hat den Effekt, daß sie das Fenster optisch verbreitert, während die langstieligen Blumen es scheinbar höher machen – ohne jedoch die Aussicht zu blockieren, da die Blumen so zart sind.**

STRÄUSSE AUF DEM FUSSBODEN

Die schwere Vase für dies auf dem Fußboden stehende Arrangement wurde an einem sicheren Ort aufgestellt, wo sie nicht so leicht im Vorbeigehen umgestoßen werden kann. Der Strauß besteht aus Goldligusterzweigen und nach Lakritze duftendem Fenchel. Die auf dem Boden verstreuten Zapfen vervollständigen den ländlichen Eindruck.

Zimmerpflanzen werden häufig in Töpfen und Kübeln auf den Fußboden gestellt, frische Schnittblumen dagegen selten. Das ist schade, weil dadurch eine ganz neue Sicht auf die Schnittblumen eröffnet wird und sich attraktive Möglichkeiten bieten, ungenutzten Platz in einer Wohnung auszufüllen.

Die Behälter müssen nicht unbedingt imposant sein, wie zum Beispiel chinesische Ingwerkrüge. Man kann auch Körbe mit Feldblumen füllen (die ihr Wasser aus einer Plastiktüte erhalten, die mit Zwirn um die Stengel gebunden ist). Fenchelstiele in einem Schirmständer können sehr eindrucksvoll aussehen und passen gut in jeden Hausflur. Vergewissern Sie sich immer, daß das Gefäß nicht umgestoßen werden kann – besonders wenn Kinder im Haus sind.

Größe und Proportionen sind wichtig. Der Behälter muß zu seiner Umgebung im richtigen Verhältnis stehen. Hat man aber erst einmal ein Gefäß in passender Größe gefunden, so gibt es praktisch nichts, was man darin nicht präsentieren könnte. Zweige aus dem Garten, vielleicht im Schmuck herbstlicher Beeren, lassen sich mannshoch aufstellen; man kann aber auch eher in die Breite als in die Höhe gehen. Spektakuläre Riesenpflanzen braucht man jedenfalls nicht. Man kann statt dessen auch aus kurzstieligen Blumen einen Strauß arrangieren, der sich in die Waagerechte ausdehnt, vorausgesetzt, man findet für das hohe Gefäß einen passenden Einsatz.

Auch die langweiligste Ecke läßt sich verschönern, wenn man dort ein Gefäß mit Blumen auf den Boden stellt. Für diesen Hausflur habe ich *Macleaya*, grüne Muschelblumen, *Hypericum*-Zweige mit Blättern und Beeren und weiße, duftende Tuberosen genommen. Die Höhe des Arrangements lenkt den Blick ins obere Stockwerk und sorgt für ein interessantes Schattenspiel an der weißen Wand.

SZENARIO FÜR EINEN TISCH

Ein Szenario für einen Tisch ist ein kleines Stilleben mit verschiedenen Objekten und Blumen, die sich farblich und von ihrer stofflichen Beschaffenheit her aufeinander beziehen. Wenn man Blumen, Blattwerk und manchmal auch Früchte zwischen Gegenständen plaziert, die man vor langer Zeit einmal gesammelt hat, erwachen diese Gegenstände wieder zum Leben, so daß man sie neu zu schätzen lernt.

Die Auswahl der Objekte wird davon abhängen, welchen Gesamteindruck man vermitteln will. Duftende Buketts oder bunte Gartenblumensträuße passen gut zu Holzkästen, emaillierten Dosen und blau-weißem Porzellan. Man kann aber auch Stilformen der Vergangenheit interpretieren – vielleicht mit einem alten, ledergebundenen Buch oder Kerzenhaltern, die die geschichtsträchtige Atmosphäre verstärken. Vergessen Sie nicht, die unmittelbare Umgebung des Tisches mit in Betracht zu ziehen – Chintzvorhänge oder ein Spiegel mit Goldrahmen könnten zum Beispiel den effektvollen Hintergrund für ein nostalgisches Tisch-Szenario abgeben. Ein gelungenes Arrangement muß als Ganzes wirken, aber trotzdem sollte die Eigenart jedes einzelnen Gegenstandes gewahrt bleiben.

Die Größe der Blumen muß im richtigen Verhältnis zum Gesamtbild stehen: hohe Glockenblumen zum Beispiel würden eine Sammlung winziger Emaildöschen wahrscheinlich erdrücken, duftende Maiglöckchen sie dagegen erst richtig zur Geltung bringen. Wenn Sie einen niedrigen Beistelltisch mit dekorativer Oberfläche haben – Einlegearbeit etwa oder ein handgemaltes Marmormuster –, so wählen Sie Gefäße oder Blumen, die diesem Muster nachempfunden sind, und lassen Sie so viel von der Tischplatte frei, daß sie als Teil der Gesamtkomposition sichtbar ist.

Links: **Ein Arrangement für einen niedrigen Tisch, so zusammengestellt, daß es von oben besonders gut aussieht. Die wächsernen Blütenblätter der 'Rubrum'-Lilie und der gelb-rosa Inkalilien sind mit kleinen Tupfern gesprenkelt. Dazu kommen grünliche Muschelblumen, die wie Seidenpapierbüschel an Stielen wirken, und Abendblumen, die auch in der kleinen Vase links daneben stehen. Das Muster der Blüten paßt gut zu der modernen, marmorierten Tischplatte, während die alten Bücher eine Atmosphäre verblichener Kostbarkeiten schaffen, die die Frische der Blumen besonders hervorhebt.**

Unten: **In diesen vier Sträußen, die hier auf einem Tisch am Fenster stehen, kommen nicht zweimal dieselben Blumen vor; vereinheitlicht wird das Ganze nur durch Form und Farbe der Gefäße. Die höchste Vase enthält *Macleaya* und zarten Rittersporn, gefolgt von einer Vase mit Rosen; dann kommen Gräser und zum Schluß *Lilium regalum* und *auratum*. Die pfirsichfarbenen Blüten stimmen farblich mit den Vorhängen zusammen.**

Links und links oben: **Die meisten künstlich mit Draht zusammengehaltenen Blumenarrangements sind so beschaffen, daß sie nur von vorn gut aussehen – was bei einem niedrigen Tisch natürlich unmöglich ist, da man sie dort von allen Seiten und von oben betrachtet. Die hier gezeigte Zusammenstellung von Königslilien, *Macleaya*, gefleckten Inkalilien, Sternblumen und einer einzelnen Rose illustriert die Vorteile eines kompakten rundlich geformten Straußes für Beistelltische.**

SZENARIO FÜR EINEN TISCH

Rechts: **Die sanften Farben der Intarsien auf dem Tisch verlangen nach ganz einfachem Laubwerk als Schmuck für diesen Fensterplatz – Rhabarber- und Irisblätter, kombiniert mit Eichenlaub, in einer Schale aus Kaschmir, die danebensteht. Das Blattwerk paßt gut zu der Parklandschaft vor dem Fenster.**

Unten: **Hier wurde derselbe Tisch (rechts abgebildet) als Stellfläche für Lilien benutzt, die so gekürzt sind, daß sie in kleine Vasen passen. Die Blumen sind den Motiven der Intarsien auf dem Tisch nachempfunden. *Stephanandra*-Blätter, noch sommerlich grün vor dem ersten Frost, lassen die Lilien besonders hell schimmern. Dieses kleine Szenario enthält starke Kontraste – hart und weich, schlicht und reich verziert.**

Ganz rechts: **Ein alter Holztisch, gebleicht und abgeschrubbt, ist der schlichte Hintergrund für dieses Stilleben aus einem Bauerngarten. Alle Gegenstände sind einfaches Küchenzubehör – Kerzenhalter, hölzernes Salzfaß, Butterdose und Sieb. Diese bescheidenen Objekte werden durch einen Blumenstrauß belebt, der aus blauen Hortensien und Kornblumen mit dunkeläugigen, gelben Chrysanthemen, gelben Wegmalven und einem Büschel Heiligenkraut besteht.**

SZENARIO FÜR EINEN TISCH

Bei diesem Tisch rahmt eine Intarsienkante ein kräftig gemustertes Gefäß in Blau-Weiß mit einem Strauß tiefblauer Blumen ein. Die Hortensienblüten wurden als optischer Widerhall passend zum Muster – sowohl der Tischkante als auch der Vase – gewählt. Sie sind kombiniert mit etwas gelb blühendem Fenchel, gelb getupfter Reseda und dem Laub von Eiche, *Stephanandra* und *Thalictrum*.

Oben: **Ein Wiesenstrauß in einem hübschen blau-weißen Krug, mit Jungfer im Grünen, Kornblumen und Skabiosen in verschiedenen Blau-Schattierungen und Möhrenblüten als Kontrast.**

Links: **Als verbindendes Element zwischen den sehr unterschiedlichen Materialien und Mustern dieses Arrangements macht das Türkis hier den runden Tisch und die beiden Vasen zu einer Einheit. In das große Glasgefäß habe ich Disteln und Phlox, Hortensien und Kermesbeere gestellt, die kleinere Vase enthält ebenfalls Kermesbeere, dazu eine grüne Zinnie, Blätter von Alpenveilchen und Knöterich. Achten Sie darauf, wie die zwei Sträuße ineinander übergehen und zu einem harmonischen Ganzen verschmelzen.**

RUND UM DEN KAMIN

Ein Kamin ist der Punkt in einem Raum, der die meisten Blicke auf sich zieht. Deshalb bietet er sich zur Präsentation von Blumen und Laubwerk an (obwohl sich im Winter Blumen nicht lange halten). Man kann sie auf einem Kaminsims entweder in mehreren Töpfchen eng zusammenrücken oder gleichmäßig in einer langen Reihe aufstellen. Auch wenige Blumen machen hier Eindruck; so sieht es zum Beispiel gut aus, wenn die Reihe nur aus einzelnen Blüten in ganz kleinen Vasen besteht.

Aus Ziegeln oder Stein gemauerte Kamine haben immer etwas gewollt Unbearbeitetes, andere sind mit kunstvollen Details verziert – mit Marmor, Schnitzereien, Bemalung oder dekorativen Kacheln. Die Art der Ausführung sollte die Wahl der Blumen bestimmen.

In einen konservativen, mit Stilmöbeln ausgestatteten Raum paßt vielleicht ein symmetrisches Arrangement, besonders wenn die Einrichtung relativ steif ist. Gibt es mitten über dem Kamin einen Spiegel, so stellen Sie ein Paar schöne Vasen zu beiden Seiten auf.

Im Sommer kann eine leere Feuerstelle ziemlich trostlos wirken. Wenn sie einen Ofenschirm mit Blumenmuster vor die Kaminöffnung stellen, so versuchen Sie, die Blumen darauf zu identifizieren und das Sims mit entsprechenden echten Blumen zu schmücken.

Der imitierte Marmor dieses modernen Kamins wird durch rosa 'Rubrum'-Lilien, weiße, knospende Königslilien, Sommer- und Staudenrittersporn sowie grüne Wolfsmilch belebt. Die hohen Blütenzweige schlagen eine Brücke zwischen den beiden symmetrisch aufgehängten Spiegeln und unterbrechen zugleich die Gleichförmigkeit ebenso wie die winzige Glasvase und die runde Schüssel.

Links: **Blumen lassen die strengen, horizontalen Linien eines Kaminsimses weicher wirken und verbinden es optisch mit dem darüberhängenden gerahmten Bild. Diese drei Vasen in betont modernen Farben enthalten *Alchemilla mollis*, grüne Muschelblumen, Schmucklilien, Sternblumen und Skabiosen.**

Links: **Blumen nahe einer Feuerstelle müssen täglich ersetzt werden. Das wird auf die Dauer etwas teuer, deshalb verwende ich statt dessen oft belaubte Zweige, von denen man von Hecken, Bäumen oder Zimmerpflanzen immer wieder neue schneiden kann. Obgleich hier nur drei Spezies vertreten sind – Johanniskraut, *Thalictrum* und Henne mit Küken – wirkt das Arrangement üppig.**

Oben: **Ein Detail aus dem links abgebildeten Arrangement. Die Beeren des Johanniskrauts nehmen im Schein der im Kamin lodernden Flammen eine leuchtende Färbung an.**

AUSWAHL UND PFLEGE VON BLUMEN

Es gibt eine große Auswahl von Pflanzen mit speziellen Eigenschaften, die sie für die Wohnung besonders geeignet machen. Das ist nicht unbedingt nur eine Frage von Form und Farbe der Blüten. Andere für den Blumenfreund wichtige Merkmale sind reizvolles Blattwerk, hohe, glatte Stengel die so stabil sind, daß die Blumen aufrecht in einem Gefäß stehen können, oder Beeren als herbstliche und winterliche Farbakzente.

Auf den Seiten 156 bis 186 ist ein illustrierter Katalog von Tricia Guilds Lieblingsgewächsen zu sehen, der von Gartenblumen bis zu den Zweigen von Sträuchern und Bäumen reicht. Das Kapitel endet mit praktischen Ratschlägen über das Blumenschneiden und darüber, wie man bei Blumenzwiebeln, Blüten und Blättern der Natur im Winter nachhelfen kann.

Die Kombination aus Laub und duftenden Gartenblumen mißlingt selten. Die holzigen Stiele von Rosen und Geißblatt, die in diesem Korb stehen, wurden vorher gequetscht, damit sie das Wasser besser aufnehmen. Das fertige Arrangement finden Sie, wenn Sie zurückblättern, auf Seite 94 abgebildet.

DER BAUERNGARTEN

Früher gab es in jedem Bauerngarten ein Schnittblumenbeet. Am frühen Morgen pflückte man hier die schönsten Blumen, um das Haus mit ihrem frischen Duft zu erfüllen. Heute fehlt meist der Platz für ein extra Blumenbeet. Das ist aber nicht weiter tragisch, denn Schnittblumen lassen sich genauso gut in der Staudenrabatte oder im Gemüsebeet ziehen.

Zu den schönsten Schnittblumen zählen die blauen Rittersporne, die großblumigen Pfingstrosen und Mohn, die Lupinen und Stockrosen mit ihren stattlichen Kerzen und die etwas bescheideneren Landnelken und Stiefmütterchen.

Extravagante und exotische Blumen mögen an anderer Stelle gebührend Erwähnung finden. Hier sollen bewährte, winterharte Stauden vorgestellt werden, dazu in lockerer Reihenfolge einige der schönsten Sommerblumen.

Schmucklilie M
Agapanthus
Die Schmucklilie blüht im Spätsommer und braucht einen geschützten, sonnigen Standort. Die großen, blauen, dichten Blütendolden auf hohen, blattlosen Stielen machen die Schmucklilie zu einer idealen Schnittblume. Wirklich winterhart ist nur die Sorte 'Headbourne Hybrids'. Alle anderen Formen frostfrei überwintern.
▼

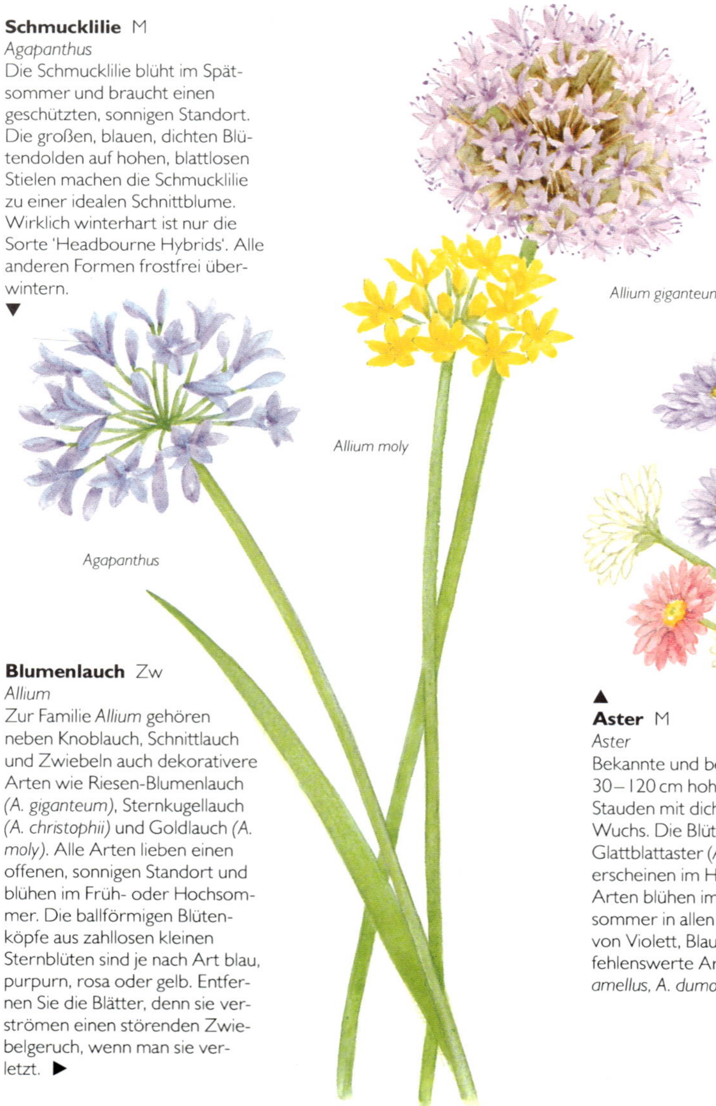

Allium giganteum

Allium moly

Agapanthus

Blumenlauch Zw
Allium
Zur Familie *Allium* gehören neben Knoblauch, Schnittlauch und Zwiebeln auch dekorativere Arten wie Riesen-Blumenlauch *(A. giganteum)*, Sternkugellauch *(A. christophii)* und Goldlauch *(A. moly)*. Alle Arten lieben einen offenen, sonnigen Standort und blühen im Früh- oder Hochsommer. Die ballförmigen Blütenköpfe aus zahllosen kleinen Sternblüten sind je nach Art blau, purpurn, rosa oder gelb. Entfernen Sie die Blätter, denn sie verströmen einen störenden Zwiebelgeruch, wenn man sie verletzt. ▶

◀ **Inkalilie** M
Alstroemeria
Die Inkalilie ist nicht ganz leicht zu kultivieren. Hat sie sich an einem sonnigen Platz mit durchlässigem Boden aber erst eingelebt, liefert sie von Ende Juni bis Anfang August ganze Arme voll roter, gelber, orangefarbener und rosafarbener, dekorativ gesprenkelter Lilienblüten. Sie halten sich recht lange, wobei sie nach und nach auf hübsche Weise verblassen. Ebenfalls zu empfehlen: *A.* 'Ligtu'-Hybriden (Abb.) und *A. aurantiaca*.

◀ **Färberkamille** M
Anthemis tinctoria
An ihr zusagender sonniger Stelle in durchlässigen Boden gepflanzt, bringt die Färberkamille von Juni bis September üppige Büschel gelber Margeritenblüten hervor. Sowohl Blätter als auch Blüten harmonieren gut mit vielen anderen Blumen, ganz besonders aber mit blauem und violettem Rittersporn.

▲
Prachtspiere M
Astilbe × arendsii
Eine winterharte, feuchtigkeitsliebende, dem Geißbart ähnelnde Pflanze mit fedrigen Blütenrispen in Rot, Rosa, Lachs, Mauve oder Weiß. Blütezeit: Juli/August.

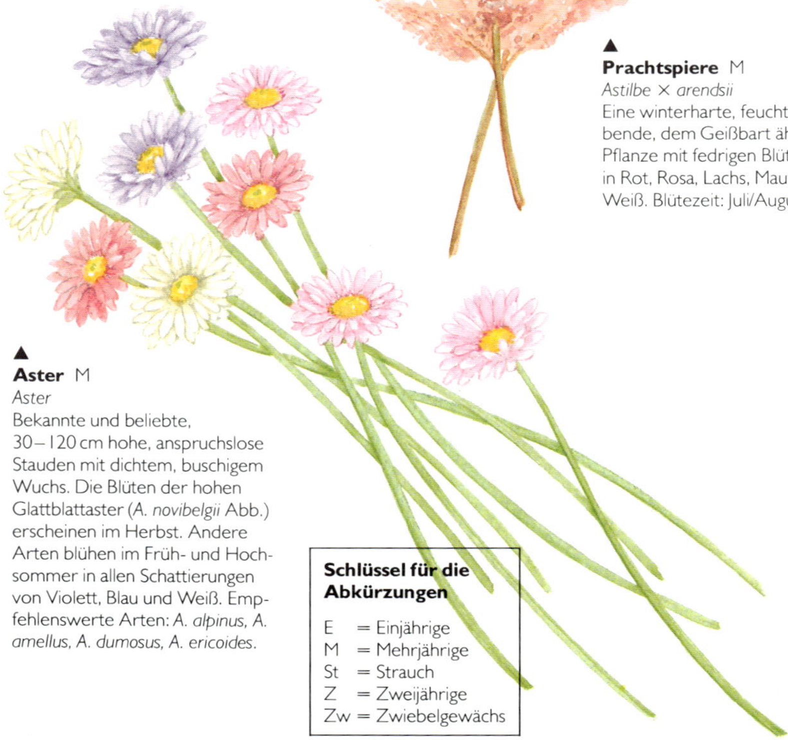

▲
Aster M
Aster
Bekannte und beliebte, 30–120 cm hohe, anspruchslose Stauden mit dichtem, buschigem Wuchs. Die Blüten der hohen Glattblattaster (*A. novibelgii* Abb.) erscheinen im Herbst. Andere Arten blühen im Früh- und Hochsommer in allen Schattierungen von Violett, Blau und Weiß. Empfehlenswerte Arten: *A. alpinus, A. amellus, A. dumosus, A. ericoides.*

▲
Marienglockenblume Z
Campanula medium
Mit ihren großen weißen, blauen, violetten oder rosafarbenen Blütenglocken stellt *Campanula medium* im Frühsommer eine auffallende Erscheinung dar. Sie liebt sonnige Plätze mit durchlässigem Boden. Als Zweijahrsblume sollte sie im Sommer ausgesät werden, um im darauffolgenden Jahr zu blühen.

Schlüssel für die Abkürzungen

E = Einjährige
M = Mehrjährige
St = Strauch
Z = Zweijährige
Zw = Zwiebelgewächs

◀ **Kornblume/Flockenblume** E
Centaurea cyanus
Einst nur als Feldunkraut bekannt, blüht diese dankbare Einjahresblume nun auch im Garten den ganzen Sommer über bis in den Herbst hinein. Die typische Farbe der Kornblume ist Blau; inzwischen gibt es sie aber auch in vielen anderen Farben. Sowohl die quastenförmigen Blüten als auch die gezähnten Blätter eignen sich hervorragend als Beiwerk für Blumenarrangements. Sehr schön ist auch die mehrjährige Art *C. dealbata*.

◀ **Dahlie** Zw
Dahlia – Hybriden
Jahrhundertelange Züchtung hat bei der Dahlie nicht nur eine großartige Farben- und Formenvielfalt hervorgebracht. Das Knollengewächs blüht auch sehr lange und ist leicht zu kultivieren. Schneiden Sie die Blüten erst, wenn sie voll aufgeblüht sind, andernfalls beginnen sie vorzeitig zu welken.

Wildalpenveilchen Zw
Cyclamen hederifolium
Wildalpenveilchen verlangen eine kühle, schattige Ecke mit humosem Boden und blühen vom Spätsommer bis in den Herbst in den Farben Rosa, Magenta, Rot und Weiß. *C. purpurascens*, eine Art die ebenfalls im Spätsommer blüht, besitzt außerdem zauberhafte herzförmige, silbrig gezeichnete Blätter, die sich sehr hübsch für Tischdekorationen verwenden lassen.

Gartennelke E, Z ▶
Dianthus caryophyllus
Gartennelken gedeihen auf sandigen Böden und blühen vom Spätsommer bis zum Herbst. Die Farbpalette reicht von Weiß über Lachsrosa bis Scharlachrot. Schneiden Sie die Stiele an einer Stelle zwischen den Blattknotenpunkten, nicht an einem Knotenpunkt selbst und spalten Sie die Stielenden auf, damit den Blumen die Wasseraufnahme erleichtert wird.

Rittersporn M ▶
Delphinium-Hybriden
Nur wenige Blumen wirken in großen Arrangements so beeindruckend wie die stattlichen Kerzen des Ritterspons. Die Farbpalette reicht von tiefdunklem Kobaltblau bis zu blassem Himmelblau, von Reinweiß bis Elfenbein, von Purpur bis Violett. Zwar dauert die Blüte im Juni/Juli nur wenige Wochen, die Stiele halten sich in der Vase aber recht gut, besonders wenn man die Stielenden leicht klopft.

◀ **Katzenminze** M
Nepeta × faassenii
Die Katzenminze gedeiht an jedem sonnigen, nicht zu feuchten Standort und blüht im Juni/Juli und nochmals im Herbst, wenn man sie zwischendrin herunterschneidet. Die lavendelblauen Blütenkerzen und das graue, aromatisch duftende Blattwerk passen zu Gebinden jeder Stilrichtung.

Taglilie M ▲
Hemerocallis
Eine weitgehend anspruchslose Staude, die in fast jedem Boden und auch noch im Halbschatten wächst. Es gibt unzählige Sorten, die 40 bis 70 cm hoch werden. Die Farbpalette umfaßt Gelb, Weiß, Orange, Rot, ja eigentlich alle Farben außer reinem Blau. Jede Einzelblüte hält nur einen Tag, in der Vase mitunter aber auch etwas länger. Einige Wildarten, z. B. *H. flava* duften angenehm süß.

◀ **Vergißmeinnicht** Z
Myosotis sylvatica
Eine bekannte Zweijahrsblume mit langen Rispen winziger azurblauer Blüten. Besonders effektvoll wirken sie in Kombination mit Tulpen, die etwa zur gleichen Zeit blühen. Säen Sie Vergißmeinnicht im Sommer auf ein halbschattiges Beet, dann blühen sie im darauffolgenden Frühjahr.

DER BAUERNGARTEN

Fingerhut M
Digitalis purpurea
Eine im Sommer blühende, schattenliebende Staude mit weißen, purpurnen oder rosafarbenen Glockenblüten an hohen, kräftigen Stielen. Stellen Sie ein Arrangement mit Fingerhut möglichst in Augenhöhe auf, so daß man das hübsch getupfte Innere der Glokken sehen kann.
▼

Schwertlilie Zw ▶
Iris barbata-elatior
Nicht alle Irisarten eignen sich als Schnittblume. Mit der hohen Schwertlilie aber werden Sie viel Freude haben. Es gibt eine Vielzahl von Sorten in herrlichen Farben, teils auch zweifarbig oder mit auffälliger Maserung, z. B. 'Bright Herald', 'Dancer's Veil', 'Jane Philips' oder 'Ola Kala'. Sie alle lieben volle Sonne und gut durchlässigen Boden. Weitere Arten siehe S. 163 und 177.

Iris 'Dancer's Veil'

Iris 'Jane Phillips'

Iris 'Ola Kala'

Stockrose Z, M ▶
Althaearosea
Eine typische Pflanze des Bauerngartens. Sie wächst an jedem windgeschützten Standort und wird bis zu 2,5 m hoch. Von Anfang August an erscheinen große, an den Rändern gekräuselte Blütenschalen in allen Schattierungen von Rosa, Rot, Apricot, Gelb und Weiß.

Schleierkraut M ▶
Gypsophila paniculata
Eine winterharte, buschige Pflanze, die sich im Hochsommer mit ganzen Wolken kleiner weißer oder zartrosafarbener Blüten schmückt. Verwenden Sie Schleierkraut frisch als Beiwerk zu Sommersträußen oder trocknen Sie es in einem Korb oder Eimer für Ihre Winterarrangements.

Einjähriger Rittersporn E ▶
Delphinium ajacis
Der kleine Verwandte des hohen Gartenrittersporns. Seine Blüten im Frühsommer sind in dichten, schlanken Kerzen angeordnet und je nach Sorte rosa, blau, violett oder weiß.

Lupine M ▲
Lupinus × hybridus
Die bekannte Staude mit den großen, fächerförmigen Blättern gedeiht an nahezu jedem halbwegs sonnigen Standort. Von Ende Mai bis Juli erscheinen auffällige blaue, rote, violette, gelbe oder weiße Blütenkerzen, die bis zu 1,2 m hoch werden. Besonders zu empfehlen sind die 'Russell'-Hybriden (Abb.).

Ringelblume E

Calendula officinalis

Bereits im Herbst ausgesät, bringt die Ringelblume im folgenden Jahr schon vom Frühsommer an bis weit in den Herbst hinein ihre leuchtend goldgelben und orangefarbenen Blüten hervor. Wie die Blätter duften sie etwas streng, die lange Blütezeit macht sie aber zu einer der wertvollsten Schnittblumen.

Kapuzinerkresse E

Tropaeolum majus

Eine sich schnell verbreitende, kriechende oder kletternde Pflanze, die von Sommer bis Herbst rot, gelb und orange blüht. Sehr schön wirken auch die rundlichen, ornamentalen, an den Rändern gewellten Blätter. Leider sind sie für Raupen geradezu eine Delikatesse.

Nerine Zw

Nerine bowdenii

Eine leider nur bedingt winterharte Zwiebelpflanze, die einen geschützten Standort und sehr viel Sonne verlangt. Die rosaroten, trichterförmigen Blüten erscheinen im Herbst in Büscheln von zirka sechs Stück auf hohen, kräftigen Stielen. Es sind in jeder Hinsicht ausgezeichnete Schnittblumen.

Flammenblume M

Phlox

Eine farbenfrohe, buschige, 30 bis 120 cm hohe Pflanze, die in jeder ländlichen Blumenrabatte zu finden ist. Die dichten, üppigen Blütendolden entfalten sich im Juli/August in den Farben Violett, Purpur, Rosa und Weiß. Wichtige Arten für den Schnitt: *P. paniculata* (M Abb.), *P. maculata* (M), *P. drummondii* (E)

Sterndolde M

Astrantia major

Die Sterndolde läßt sich leicht aus Samen heranziehen und fühlt sich auch noch an halbschattigem Standort wohl. Im Frühsommer entfalten sich weiße, rosa überhauchte Blüten mit einem Kranz grüner Kelchblätter.

Stiefmütterchen Zw

Viola × wittrockiana

Seit das Stiefmütterchen als Gartenpflanze eingeführt wurde, bemühen sich Züchter mit Erfolg darum, die Blütenpalette in bezug auf Farbe, Form und Größe immer mehr zu erweitern. Es gibt Sorten in Blau, Purpur, Rot, Orange, Gelb, Weiß, teils mit, teils ohne schwarzes „Auge". Je nachdem, wann sie gesät werden, blühen sie im Frühling, Sommer oder Herbst.

Paeonia 'Bowl of Beauty'

Paeonia 'Alexander Steffen'

Paeonia lact. 'Burma Ruby'

Pfingstrose M

Paeonia

Diese prachtvolle, ausdauernde Rabattenstaude braucht einen nahrhaften, tiefgründigen Boden. Ab Anfang Mai öffnet die Bauern-Pfingstrose *(P. officinalis)* ihre kugeligen Knospen. Etwa drei Wochen später liefert die Edel-Pfingstrose *(P. lactiflora)* prächtige, große Blüten für die Vase. Etwas schwierig in der Kultur, aber sehr reizvoll ist die schwefelgelbe *P. mlokosewitchii*.

DER BAUERNGARTEN

Nelke M ▶
Dianthus × allwoodii
Diese Kreuzung aus Federnelke und Gartennelke besitzt im allgemeinen etwas kleinere Blüten als die üblichen Gartennelken. Die modernen Züchtungen blühen im Sommer und ein zweites Mal im Herbst. Das silberblaue, grasartige Laub kontrastiert wunderschön mit den duftenden Blüten in allen Schattierungen von Weiß bis Weinrot.

Salbei M, E
Salvia
Der Salbei liefert vom Frühsommer an bis zum Beginn des Herbstes eine Fülle von Blüten für die Vase. *S. sclarea* bildet 1 m hohe Kerzen mit violettblauen Brakteen (Hochblättern). Der bekannte Feuersalbei bleibt wesentlich niedriger und blüht lebhaft rot. Weitere schöne Arten für den Schnitt sind *S. haematodes*, *S. officinalis* und *S. nemorosa*. ▼

Primel M ▲
Primula
Es gibt zahlreiche und sehr unterschiedliche Primelarten. Einige wachsen im Sumpf, andere im Steingarten oder in der halbschattigen Rabatte. *P. auricula* gehört zu den alpinen Arten und bevorzugt einen trockenen Standort. Im Frühling schmückt sie sich mit gelben Blüten. *P. denticulata*, die Kugelprimel, bringt im Mai hellviolette oder weiße Blütenbälle hervor.

▲
Federmohn M
Macleaya cordata
Eine stattliche, bis zu 3 m hohe Solitärstaude mit weiß-gelben, federartigen Blütenrispen im Juli/August. Sehr schön ist auch die Sorte 'Coral Plume' (Abb.) mit korallenrosa Blüten. Verwenden Sie Federmohn, um größeren gemischten Sträußen einen besonderen Pfiff zu geben.

◀ **Mohn** M
Papaver
Zu den Mohnen gehören vom Charakter her so verschiedene Arten wie der zarte Islandmohn (*P. nudicaule*) mit Blüten wie aus hauchfeinem Seidenpapier und der kraftstrotzende Türkenmohn (*P. orientale*). Mohn hält in der Vase länger, wenn man ihn am Morgen mit noch geschlossener Knospe schneidet und die Stielenden für cira 30 Sekunden in kochendes Wasser hält. Bald darauf springt die Knospe auf, und die Blütenblätter können sich entfalten. Andere schöne Mohnarten sind *Eschscholzia* (E) und *Meconopsis betonicifolia* (M).

◀ **Löwenmäulchen** E
Antirrhinum majus
Eine hübsche Einjahrsblume, von der inzwischen viele Sorten in verschiedenen Farben und Höhen angeboten werden. Sie sind leicht zu kultivieren und dankbar in der Vase. Die Blütezeit beginnt im Frühsommer und dauert bis in den Herbst hinein.

Levkoje Z ▲
Matthiola
Je nach Art und Sorte blüht die Levkoje im Sommer oder Herbst. Die Blüten in überwiegend zarten Pastelltönen sind in dichten, hohen Kerzen angeordnet und verströmen einen süßen Duft. Die am meisten verbreiteten Arten sind *M. incana* (Abb.) und *M. longipetala bicornis* (siehe S. 168).

Sonnenblume E ▲
Helianthus annuus
Die allseits bekannte Sonnenblume wird bis zu 1,8 m hoch und bringt im Spätsommer große, goldgelbe Blüten mit rotbrauner Mitte hervor. Keine übliche Schnittblume und deshalb von entsprechend auffallender Wirkung. Informieren Sie sich beim Kauf der Samen nach der Wuchshöhe der jeweiligen Sorten.

Dreimasterblume M
Tradescantia × andersoniana
Typisch für diese lang blühende Staude sind die dreigeteilten Blüten in Dunkelblau, Hellviolett, Rosa oder Weiß. Vor dem Arrangieren der Blumen sollte das feine Laub entfernt werden. Verwenden Sie zierliche Gefäße und Vasen, damit die zarten Blüten richtig zur Geltung kommen. ▼

◀ **Ehrenpreis** M
Veronica
Zu den schönsten Ehrenpreisarten gehört *V. longifolia*. Wie der Name schon verrät, hat sie lange, schmale Blätter und im Hochsommer lavendelblaue, schlanke Blütenkerzen (Abb.). Pflanzen Sie die Staude an einen sonnigen Platz in gut durchlässige Erde. Ebenfalls hervorragend für den Schnitt eignet sich *V. virginica*.

Scabiosa caucasica

◀ **Skabiose** M
Scabiosa caucasica
Die Skabiose blüht vom Frühsommer bis zum Herbst und ist in verschiedenen Farben, darunter Hellblau, Dunkelblau, Weiß und Rosa, erhältlich. Die aparten, gewölbten Blütenköpfe halten sich gut in der Vase und harmonieren besonders schön mit ornamentalen Gräsern und Mohn.

Bartnelke Z
Dianthus barbatus
Eine allgemein beliebte Zweijahrsblume mit spitzen, frischgrünen Blättern und üppigen, breiten Blütenköpfen in allen Nuancen von Rot, Rosa, Magenta und Weiß, teils auch zweifarbig. Im Frühsommer ausgesät, blühen die Pflanzen im darauffolgenden Jahr. ◀

Duftwicke
Lathyrus odoratus
Siehe Seite 168

Zinnie E ▶
Zinnia elegans
Wie bei den Dahlien gibt es von der Zinnie eine Vielzahl von Züchtungen mit unterschiedlich großen Blüten. Einige Sorten wie 'California Giant' haben Blumen mit einem Durchmesser bis 15 cm. Andere, wie 'Thumbelina' produzieren kleinere Blüten, diese dafür aber in Massen. Das Farbenangebot reicht von Rot über Rosa, Orange und Gelb bis Cremeweiß. Die mittelhohen und hohen Formen eignen sich am besten für den Schnitt. Sie blühen vom Hochsommer an bis zum Frost.

FRÜHLINGSBLUMEN

Mit ihren leuchtenden Farben und ihrem oft lieblichen Duft erscheinen uns die Frühlingsblumen besonders reizvoll. Als erste wagen sich Schneeglöckchen, Zwergiris und Krokusse ans Licht. Etwas später gesellen sich Tulpen, Hyazinthen und Narzissen dazu. Einige Frühlingszwiebelblumen kann man in Töpfe pflanzen und im Zimmer vortreiben. Arrangieren Sie die blühenden Pflanzen dann mit dem Topf oder stellen Sie die Blüten in ein großes, mit Wasser gefülltes Glasgefäß, z. B. eine Karaffe.

Crocus chrysanthus

Crocus tomasinianus

Hyacinth 'Ostara'

Hyacinth 'Queen of the Pinks'

Anemone coronaria 'De Caen'

Anemone blanda

▲
Krokus Zw
Crocus
Zartblau, Violett, Mauve, Purpur, Goldgelb und Weiß sind die brillanten Farben der Krokusblüten. Sie erscheinen schon im zeitigen Frühjahr und überziehen den kalten Boden mit einem bunten Farbenteppich. Krokusse lieben Sonne und durchlässige Böden, können aber auch im Zimmer in Töpfen kultiviert werden. Zu den wichtigsten Arten zählen *C. chrysanthus*, *C. imperati*, *C. sieberi*, *C. tommasinianus* und der großblütige Gartenkrokus *C. vernus*.

Narzisse, Osterglocke Zw
Narzissus
Eine große Familie, die sowohl Wildformen von nur wenigen Zentimetern Höhe als auch bis 60 cm hohe, große Trompetennarzissen umfaßt. Die Farbpalette enthält Weiß und alle Nuancen von Gelb und Orange. Die Narzissen gehören zu den bekanntesten und robustesten Zwiebelblumen und gedeihen an fast jedem Platz im Garten. Pflanzen Sie die Zwiebeln bereits im Spätsommer, denn die Wurzelbildung beginnt schon früh im Herbst. Empfehlenswerte Sorten: 'Beryl', 'Dutch Master', 'Ice Follies', 'Jack Snipe', 'Passionale'.
▼

▲
Traubenhyazinthe Zw
Muscari
M. armeiacum 'Heavenly Blue' wächst in jedem Boden schnell heran und ist deshalb als Schnittblume sehr beliebt. Die traubenartigen Blütenstände auf 10 cm hohen Stielen setzen sich aus zahlreichen kleinen, blauen Glöckchen zusammen.

Hyazinthe Zw ▲
Hyazinthus orientalis
Treiben Sie Hyazinthen im Zimmer vor, z. B. in flachen chinesischen Schalen, deren lebhafte Muster und Farben zusammen mit dem verschwenderischen Pink, Violett, Purpur und Weiß der Hyazinthen ein herrliches Bild ergeben. Oder setzen Sie einzelne Zwiebeln auf spezielle Hyazinthengläser, so daß Zwiebel, Wurzel und Blüten zu sehen sind. Sorten: 'Queen of the Pinks', 'L'Innocence' (weiß), 'Jan Bos' (rot), 'Lord Balfour' (violett), 'Ostara'.

Anemone Zw ▲
Anemone
Winterharte, ca. 15 cm hohe Knollengewächse, die am besten im Halbschatten, z. B. unter Gehölzen, gedeihen. *A. blanda*, der margeritenblütige Typ, blüht bereits im zeitigen Frühjahr und ist mit ihrem zierlichen Wuchs eine ideale Schnittblume für den kleinen Stadtgarten. Bekannter, aber nicht so ausdauernd sind die Kronen- oder Gartenanemonen (*A. coronaria*). Vorgetrieben werden sie in den Blumengeschäften schon im Winter angeboten. Der 'De Caen'-Typ bringt besonders leuchtende Blüten mit schwarzer Mitte in Weiß, Mauve und Rot hervor.

Narcissus 'Ice Follies'

Narcissus 'Jack Snipe'

Iris Zw
Iris
Die als Schnittblumen populärsten Schwertlilien (siehe S. 158) sind nicht die einzigen Iris, die sich für den häuslichen Blumenschmuck eignen. *I. reticulata* (Abb.) z. B. kann einzeln in Torftöpfen gezogen und in einer Schale gruppiert werden. Die kleine Zwiebelblume mißt gerade 15 cm, hat aber zauberhafte dunkelblaue Blüten mit gelber Zeichnung. *I. unguicularis* bringt im Spätwinter kleine, duftende mauve-violette Blüten mit gelb und weiß gezeichnetem Schlund hervor. Sie ist leider etwas empfindlich und benötigt im Winter einen leichten Schutz gegen Kälte und Nässe. ▼

◀ **Jonquille** Zw
Narcissus jonquilla
Die wilde Jonquille blüht im Frühjahr und wird vor allem wegen des Duftes ihrer gelben Trompetenblüten geschätzt. Inzwischen gibt es auch zahlreiche Gartenzüchtungen, darunter die süß duftende, gefüllte Jonquille *N. jonquilla* 'Flore Pleno', eine äußerst dankbare, dekorative Blume für bunte Frühlingssträuße. Jonquillen benötigen einen geschützten Standort.

Blaustern Zw
Scilla
Kleine Zwiebelgewächse, die im allgemeinen feuchte, aber dennoch gut durchlässige Böden bevorzugen. *S. sibirica* (Abb.) blüht im zeitigen Frühjahr. Ihre leuchtend blauen Blüten geben einen Vorgeschmack auf den blauen Himmel des kommenden Sommers. Weitere hübsche Arten: *S. bifolia, S. hispanica, S. mischtschenkoana, S. non-scripta.*
▼

▲
Schneeglöckchen Zw
Galanthus
Alle Arten haben offene, weiße, rundliche oder längliche Blütenglocken an grazilen, grünen Stielen. Sie gedeihen sowohl auf kalkhaltigen als auch auf sauren Böden und bevorzugen halbschattige Standorte, wo sie sich schnell ganz von selber ausbreiten. Besonders großblütig sind *G. nivalis* 'Atkinsii' und 'S. Arnott'. Sehr hübsch machen sie sich in kleinen Silbervasen, in deren Glanz sich das eisige Weiß der Blütenglöckchen spiegelt.

Tulipa clusiana

Tulipa kaufmanniana

Tulipa 'Apricot Beauty'

Tulipa 'Queen of Night'

Tulipa fosteriana 'Purissima'

◀ **Tulpe** Zw
Tulipa
Das Spektrum dieser großen Zwiebelblumenfamilie reicht von kleinen, frühblühenden Wildarten bis zu den hohen, prächtigen Hybriden, die ihre Blüten erst im Mai entfalten. Werden die Zwiebeln nach dem Einziehen im Sommer aufgenommen und bis zum Herbst trocken gelagert, bringen sie im nächsten Jahr meist schönere Blüten. Tulpen gedeihen in fast jedem Boden, brauchen aber Sonne. *T. kaufmanniana*, die in viele Züchtungen eingegangen ist, blüht als eine der ersten. Die Darwintulpen und ihre Hybriden zeichnen sich durch große Blüten und kräftige Stengel im späten Frühjahr aus. Die lilienblütigen Tulpen, die Ende Mai den Blütenreigen beschließen, haben längliche Blumen mit elegant zurückgebogenen Blütenblättern. Die Rembrandttulpen warten mit aufregenden Farbeffekten auf: rosarote Streifen auf Weiß, oder Gelb mit roter Marmorierung. Ebenfalls im späten Frühjahr blühen die Papageientulpen mit ihren typisch gekräuselten und gefransten Blütenblättern in aufsehenerregenden Farbenspielen. Frühblühende Tulpen, vor allem cremefarbene, gelbe und weiße Formen, lassen sich gut mit Narzissen, Primeln und später mit Zweigen des Schneeballs kombinieren. Rote Tulpen passen gut zu Traubenhyazinthen oder den roten Rispen der Zierquitte. Empfehlenswerte Tulpenarten und -sorten: 'Apricot Beauty', 'Couleur Cardinal', 'Cina Pink', 'Flying Dutchman', 'Queen of Night', *T. clusiana, T. fosteriana, T. kaufmanniana, T.-Greigii*-Hybriden.

ROSEN UND LILIEN

Wegen ihres verschwenderischen Duftes und ihrer herrlichen Blüten ist die Rose schon seit Jahrhunderten in Kultur. Aus den wilden Rosen Europas und des nahen Ostens, beispielsweise *R. gallica*, wurden neue Formen entwickelt, darunter die Damaszenerrose und die Zentifolie. Alle blühten nur einmal im Jahr, und die Blütenfarben beschränkten sich auf Rot, Rosa und Weiß. Ende des 18. Jahrhunderts brachten aus dem Orient heimkehrende Handelsschiffe jedoch Rosen aus China mit und damit gelbe Rosen, Rosen mit faszinierendem Teeduft und Rosen, die mehrmals im Jahr blühten. Heute kennt man viele verschiedene Arten und Hunderte von Züchtungen.

FLORIBUNDAROSEN

Aus der Kreuzung von Teehybriden und Polyantharosen entstanden, bringen die Floribundarosen ganze Dolden edel geformter kleiner Blüten hervor. Einige zeigen auch größere Blüten, ähnlich denen von Edelrosen. Im allgemeinen blühen sie jedoch reicher als diese und auch über einen längeren Zeitraum. Gut für den Schnitt eignen sich 'Irish Beauty', 'Lily Marleen', 'Iced Ginger' und 'Lilac Charm'. ▼

KLETTERROSEN

Es gibt einmalblühende und öfterblühende Kletterrosen. Letztere haben längere und kräftigere, aber nicht so zahlreiche Triebe, während erstere nur einmal, aber um so üppiger blühen. 'Goldstern' ist eine öfterblühende Sorte mit goldgelben Blüten, 'Parkdirektor Riggers' trägt große Büschel blutroter Blüten. 'Albertine' ist eine herrlich duftende lachsrote Sorte, die aber nur einmal blüht.

HISTORISCHE ROSEN

Historische oder „alte" Rosen waren vor der Einführung der modernen Hybriden weit verbreitet und beliebt, aber auch heute schätzt man sie wegen ihres intensiven Duftes und ihrer aparten Blütenformen. Die echte Moschusrose bringt kleine Sträuße weißer, süß nach Moschus duftender Blüten hervor. Bei den meisten Formen, die heute als Moschusrosen bezeichnet werden, handelt es sich allerdings um Hybriden. Von den alten Strauchrosen besitzt 'Madame Hardy' zauberhafte weiße Blüten. 'William Lobb' blüht halbgefüllt in dunklem, samtigem Rot. Andere schöne Sorten sind 'Maiden's Blush' und 'Königin von Dänemark'. ▶

'William Lobb'

'Blue Moon'

'Superstar'

'Elizabeth of Glamis'

'Whisky Mac'

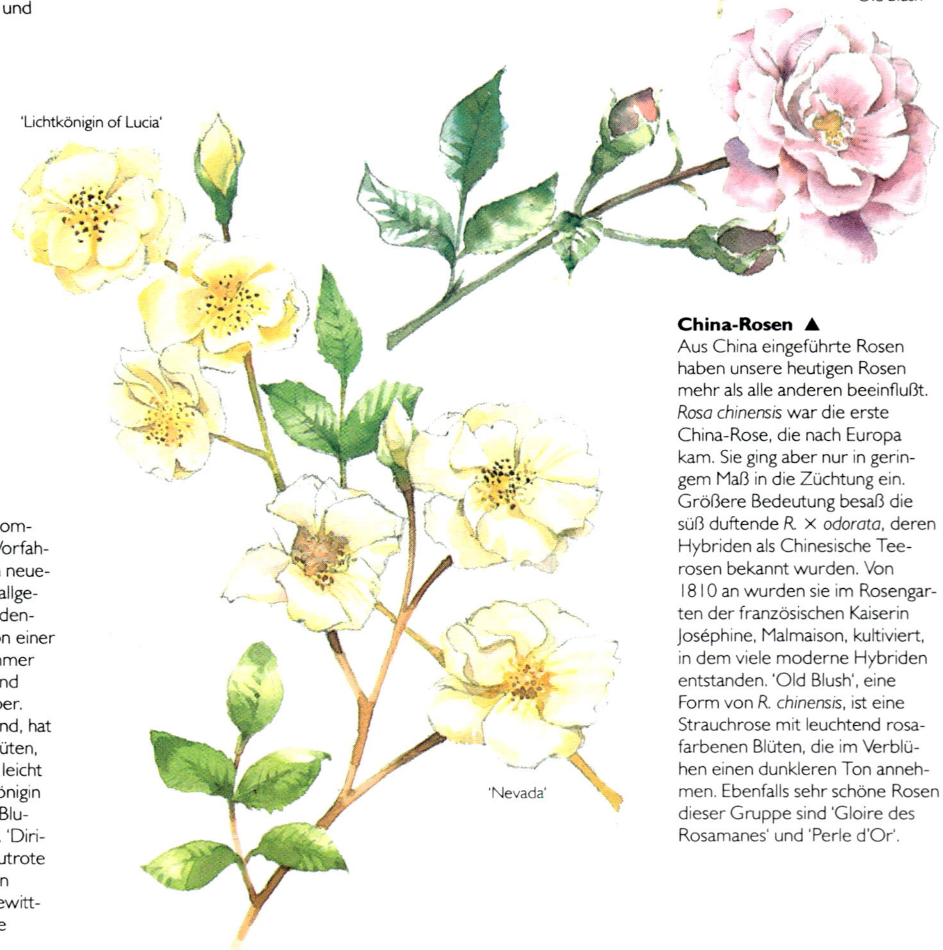

'Old Blush'

'Lichtkönigin of Lucia'

'Nevada'

TEEHYBRIDEN ▲

Die Teehybriden, heute meist als Edelrosen bezeichnet, entstanden durch Kreuzung von Remontantrosen mit der Chinesischen Teerose. Alle frühen Teehybriden blühten weiß, rosa oder rot, bis im Jahr 1900 mit 'Soleil d'Or' zum ersten Mal Gelb dazu kam. Die Teehybriden sind nicht so robust und frosthart wie die älteren Rosen. Dies machen sie jedoch durch ihre edlen Blüten und die lange Blütezeit, vom Juni bis zum Spätherbst, wieder wett. Langstielige Sorten liefern besonders gute Schnittblumen. 'Blue Moon', 'Superstar', 'Whisky Mac', 'Peace' und 'Pascali' sind nur einige Beispiele.

MODERNE STRAUCHROSEN ▶

Die modernen sind Nachkommeen einer Vielzahl von „Vorfahren", darunter auch Sorten neueren Datums. Sie haben im allgemeinen einen hohen, ausladenden Wuchs und blühen, von einer kleinen Pause im Hochsommer abgesehen, fast durchgehend meist von Juni bis September. 'Nevada', nur einmal blühend, hat große, elfenbeinfarbene Blüten, die bei warmer Witterung leicht rosa übertönt sind. 'Lichtkönigin Lucia' besitzt gelbe, große Blumen mit roten Staubfäden. 'Dirigent' bringt halbgefüllte, blutrote Blüten, die bis in den späten Herbst erscheinen, 'Schneewittchen' ebenso lange zahllose weiße.

China-Rosen ▲

Aus China eingeführte Rosen haben unsere heutigen Rosen mehr als alle anderen beeinflußt. *Rosa chinensis* war die erste China-Rose, die nach Europa kam. Sie ging aber nur in geringem Maß in die Züchtung ein. Größere Bedeutung besaß die süß duftende *R.* × *odorata*, deren Hybriden als Chinesische Teerosen bekannt wurden. Von 1810 an wurden sie im Rosengarten der französischen Kaiserin Joséphine, Malmaison, kultiviert, in dem viele moderne Hybriden entstanden. 'Old Blush', eine Form von *R. chinensis*, ist eine Strauchrose mit leuchtend rosafarbenen Blüten, die im Verblühen einen dunkleren Ton annehmen. Ebenfalls sehr schöne Rosen dieser Gruppe sind 'Gloire des Rosamanes' und 'Perle d'Or'.

Bourbonrosen
Die Bourbonrose, eine Naturhybride aus Chinarosen und Damaszenerrosen, wurde Anfang des 19. Jahrhunderts auf der Insel Réunion entdeckt. Man erkennt sie an ihrer starker Bestachelung und den muschelförmigen Blütenblättern, die man auch bei vielen Züchtungen, an denen Bourbonrosen beteiligt waren, findet. 'Zéphirine Drouhin', eine sehr alte Bourbonrose, bildet einen hohen Strauch oder wächst kletternd und trägt große, rosa Blüten mit weißer Mitte. 'Madame Isaac Pereire' ist die Bourbonrose mit dem intensivsten Duft. Ihre Blüten sind dicht gefüllt und rosarot. 'La Reine Victoria' mit dichtem, aufrechtem Wuchs schmückt sich mit zart violetten Blüten, die an kleine Seerosen erinnern. ▼

Gallicarosen
Die echte Gallicarose wurde wahrscheinlich bereits durch die Römer aus dem westlichen Asien nach Europa gebracht. Züchtungen, die den Gallicas zugeordnet werden, stammen meist aus dem 19. Jahrhundert und zeigen Einflüsse verschiedener Art, darunter von Damaszenerrosen und Zentifolien. Keine davon ist jedoch weiß. 'Cardinal de Richelieu', ein etwa 1,2 m hoher dichter Strauch, trägt samtig dunkelviolette, duftende Blüten, die in der Knospe zunächst dunkelpurpurn sind. 'Rosa Mundi', auch als *R. gallica* 'Versicolor' bekannt, fällt durch rot-weiß gestreifte Blüten auf. Eine weitere schöne Form ist 'Belle de Crécy'. ▼

Ob in byzantinischen Mosaiken oder im modernen Hausgarten – die Lilie hat immer etwas Faszinierendes. Zart, schön, manchmal stark stuftend, werden Lilien oft in gemischten Sträußen verwendet. Schon zwei Blütenstiele können einem Arrangement Eleganz und das gewisse Etwas geben. Viele Lilien können zwar aus Samen herangezogen werden, die Anzucht ist aber sehr langwierig. Besser kauft man sich deshalb gleich große, blühfähige Zwiebeln. Die Pflanzen brauchen einen gut durchlässigen Boden, sonst faulen sie leicht. Wenn Sie die richtigen Sorten wählen, können Sie von Frühjahr bis Herbst Blumen in allen Farben, außer Blau, schneiden. Am bekanntesten und anspruchslosesten ist die Gruppe der asiatischen Hybriden mit Sorten wie 'Enchantment', 'Pirate' oder 'Burgundy'. Die trompetenförmige Trichterlilie *(Lilium regale)* entfaltet im Hochsommer weiße Blüten mit gelbem Schlund, die einen narkotischen Duft verströmen. *L. henryi* ist eine im Spätsommer blühende Art mit türkenbundartigen Blüten. *L. auratum*, eine etwas empfindliche Art, trägt mehr Blüten an einem Stiel als jede andere Lilie. Weitere schöne Lilien sind *L. pardalinum*, die Leopardenlilie, *L. speciosum* und *L. tigrinum*, die Tigerlilie.

◀ **WILDROSEN**
Hierbei handelt es sich um natürliche, züchterisch nicht beeinflußte Arten, die Urahnen der modernen Gartenrose. Die meisten besitzen einfache Blüten mit fünf Blütenblättern. *Rosa rugosa* trägt große, purpurfarbene Blüten und orangerote Hagebutten. 'Schneezwerg' (Abb.) ist die kleinste *Rugosarose*. Sie zeichnet sich durch besonders lange Blütezeit aus. Andere wertvolle Wildarten sind *Rosa hugonis, R. moyesii, R. rubrifolia, R. villosa.*

DUFTENDE BLUMEN

Im Mittelalter pflegte man zur Verbesserung des Eigengeruchs kleine Sträuße duftender Kräuter und Blüten am Gürtel zu tragen. Heute nimmt man Duftsträuße gern, um ganze Räume mit ihrem Aroma zu erfüllen. Ein einfacher Bund Goldlack kann ein ganzes Zimmer mit seiner typischen, schweren Duftmischung aus Jasmin und Orangenblüten verzaubern. Kombinieren Sie stark duftende Blumen mit duftlosen, beispielsweise Flieder mit mauvefarbenen Tulpen, Falschen Jasmin mit Kornblumen, Eukalyptus mit Salomonssiegel. Einige Pflanzen, z. B. das immergrüne Geißblatt, entwickeln im Zimmer ein intensiveres Aroma als im Freien. Andere wieder, darunter Nachtviolen, Heliotrop und Nelken, verströmen ihren Duft erst gegen Abend.

Duftgeranie E
Pelargonium
Viele Geranien zeichnen sich durch stark duftendes, dekoratives Blattwerk aus. *P. graveolens* (Abb.) hat z. B. wunderschöne spitzenartige Blätter, die nach Rosen duften. Andere Arten riechen nach Zitrone, Pfefferminz, Äpfeln oder Gewürzen. Zu den wertvollsten Arten zählen *P. crispum, P. × citrosum* und *P. fragrans*. ▼

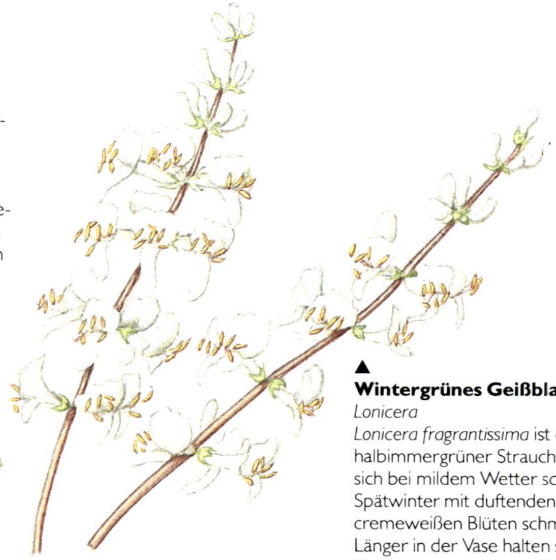

Jasmin
Jasminum
Der Jasmin (*J. officinale*, Abb.) ist eine wüchsige Kletterpflanze, die allerdings nur in sehr milden Gegenden im Freien gezogen werden kann. Ihre weißen, süß duftenden Blüten erscheinen vom Hochsommer an bis in den Herbst. *J. nudiflorum*, der Winterjasmin, bringt von November bis Anfang März goldgelbe Blütensterne hervor. ▼

▲
Wintergrünes Geißblatt St
Lonicera
Lonicera fragrantissima ist ein halbimmergrüner Strauch, der sich bei mildem Wetter schon im Spätwinter mit duftenden, cremeweißen Blüten schmückt. Länger in der Vase halten sich die Zweige, wenn man die Blätter abstreift und die Stielenden klopft. Im Zimmer entwickelt sich der Duft besonders ausgeprägt. Eine weitere empfehlenswerte Art ist *L. periclymenum* (siehe S. 168).

Seidelbast St
Daphne
Daphne mezereum ist ein kleiner, sommergrüner Strauch mit dicht an dicht sitzenden, süß duftenden, weißen oder rosaroten Blüten im Februar/März. *D. × burkwoodii* bringt im Mai blaß rosafarbene Blüten hervor. Weitere schöne, aber nicht ganz winterharte Arten sind *D. odora, D. laureola*. ▼

▲
Indianernessel M
Monarda didyma
Die Indianernessel ist eine winterharte Staude, die vom Hochsommer bis in den Herbst hinein blüht. Die breiten, behaarten, an den Rändern gezähnten Blätter und die Blüten sondern einen starken Duft ab, der schon bei der kleinsten Berührung an der Haut haften bleibt.

Heliotrop E ▶
Heliotropium peruvianum
Aufgrund des typischen Duftes der violettblauen Blütendolden wird der Heliotrop auch als „Vanillestrauch" bezeichnet. Er blüht den ganzen Sommer über und wirkt in harmonischen Farbkompositionen mit anderen Blumen außerordentlich attraktiv.

◀ **Lavendel**
Lavandula angustifolia
Wer kennt sie nicht, die altmodische Duftpflanze mit den wunderschönen violettblauen Blüten. Zu den zahlreichen Gartensorten gehören die dunkelblaue 'Hidcote Blue' (Abb.), 'Munstead', sehr stark duftend, mit hellblauen Blüten und 'Alba', weiß. Durch das Schneiden der Blüten bleiben die Pflanzen dicht und kompakt.

Gartennelke
Dianthus caryophyllus
Siehe Seite 157

Eukalyptus
Eukalyptus
Von Interesse sind: *E. citriodora, E. coccifera, E. gunnii* – der Zitronen-, Pfefferminz- und Apfel-Eukalyptus. Genaue Beschreibung siehe S. 179.

Maiglöckchen Zw
Convallaria majalis
Wer kennt sie nicht, diese kleine Frühlingsblume mit den hübschen, kleinen duftenden Blütenglocken und dem üppigen, grünen Laub? Als Waldpflanze wächst es mit seinen fleischigen Rhizomen am liebsten im Halbschatten unter sommergrünen Bäumen und Sträuchern.
▼

▲
Heiligenkraut St
Santolina chamaecyparissus
Nicht die im Juli erscheinenden kleinen gelben Knopfblüten sind es, die bei diesem kleinen Halbstrauch duften, sondern die hübschen, graugrünen Blätter. Getrocknet in den Schrank gelegt, sollen Zweige des Heiligenkrauts Motten vertreiben.

◀ **Kranzschlinge**
Stephanotis floribunda
Dieses als Zimmerpflanze bekannte und beliebte Klettergewächs trägt im Sommer und Herbst wachsartige, weiße Sternblüten, die auffallend stark duften. In große Arrangements hineingeschlungen, sind die Ranken besonders wirkungsvoll.

Orangenblume St ▲
Choisya ternata
Die weißen Blütensternchen duften ähnlich wie die Blüten der Orange und zieren den Strauch ununterbrochen von Frühjahr bis Herbst. Die Blätter riechen ebenfalls, wenn sie verletzt werden, allerdings eher streng. *Choisya* ist nicht ganz frosthart. Am besten hält man sie im Kübel.

Mahonie St
Mahonia
Ein dankbarer, immergrüner Strauch, der oft schon im zeitigen Frühjahr blüht. Um Frostschäden zu vermeiden, sollte er vor der austrocknenden Wintersonne geschützt werden. *M. japonica* (Abb.) besitzt stachelige, denen der Stechpalme ähnliche Blätter und treibt im Februar/März schwefelgelbe, nach Maiglöckchen duftende Blütenkerzen. ▶

Resede E
Reseda odorata
Im letzten Jahrhundert zählte die einjährige Blume wegen ihres Duftes zu den ausgesprochenen Modepflanzen. Die Blüten mit dem Himbeerduft locken im Sommer und Herbst zahllose Bienen an. Halten Sie die Stielenden nach dem Schneiden zirka eine Minute in kochendes Wasser, dann haben Sie an den Blüten wesentlich länger Freude. Sehr zu empfehlen: die Sorte 'Machet Rubin' (Abb.).
▼

▲
Flieder St
Syringa
Der gewöhnliche Flieder (*S. vulgaris*) gedeiht in fast jedem Garten und bringt im späten Frühjahr prächtige, herrlich duftende Blütentrauben hervor. Es gibt einfache und gefüllte Sorten in allen Schattierungen von dunklem Purpur über Rosa bis Weiß.

Madonnenlilie Zw ▲
Lilium candidum
Die Madonnenlilie fühlt sich an einem sonnigen Platz am wohlsten. Dort kann sie bis 1,5 m hoch werden. Im Juni/Juli entfalten sich herrliche weiße Trichterblüten mit leuchtend gelben Staubgefäßen. Sie halten lange in der Vase und verbreiten einen atemberaubenden Duft.

Mimose St ▲
Acacia dealbata
Die Mimose ist in unseren Breiten leider nicht winterhart; im Frühjahr gibt es die Zweige mit den flaumigen, gelben Blütenkügelchen aber in jedem Blumengeschäft zu kaufen. Stellen Sie einen Mimosenstrauß auf eine sonnige Fensterbank. Hier entfaltet sich der Duft am besten.

DUFTENDE BLUMEN

Pfeifenstrauch St
Philadelphus
Die reinweißen Blüten erscheinen im Frühsommer und können mit ihrem starken Jasminduft einen ganzen Raum erfüllen. Empfehlenswerte Arten und Sorten: *P. coronarius* (Abb.), *P. microphyllus*, *P. × virginalis*, *P.* 'Belle Etolie'.
▼

◄ **Duftwicke** E
Lathyrus odoratus
Von allen Wicken duftet diese bescheidene Wildform mit ihren aparten Blüten in zarten Pink- und Purpurtönen am intensivsten. Säen Sie die Pflanzen einfach in irgendeiner Ecke des Gartens aus und schneiden Sie reichlich Blüten, denn um so mehr neue Knospen kommen wieder nach.

▲
Duftveilchen M
Viola odorata
Das gute alte, dunkelviolette Duftveilchen mit seinem schweren, süßen Duft und den hübschen Blättern bevorzugt kühle Standorte und durchlässige, humose Böden. Betonen Sie die Schönheit der winzigen Blüten durch eine zierliche Vase.

Goldlack Z
Cheiranthus
Eine dekorative Pflanze mit dunkelgrünem Laub und dichten, duftenden Blütentrauben in Cremeweiß oder verschiedenen Nuancen von Gelb, Orange und Rot. Schon im 16. Jahrhundert wurde Goldlack gern für Duftsträuße verwendet. Die dankbarste Art ist *Ch. cheiri* (Abb.).
▼

Waldgeißblatt ▲
Lonicera periclymenum
Eine heimische, sommergrüne Kletterpflanze mit stark duftenden, außen purpurnen, innen cremegelben Blüten. Schneiden Sie einige Ranken, bevor sich die Blüten öffnen, denn auch die roten Knospen sind sehr dekorativ. Blütezeit: Sommer.

Abendlevkoje E ►
Matthiola bicornis
Diese im Grunde eher unscheinbare, etwas zerzaust wirkende Blume zeigt erst nachts, was in ihr steckt. Dann sendet sie ganze Wolken eines betäubenden Duftes aus, der schon auf mehrere Meter Entfernung wahrzunehmen ist.

Ziertabak E
Nicotiana alata
Die weißen oder zitronengelben, trompetenförmigen Blüten dieser stattlichen Einjahrsblume öffnen sich und duften erst, wenn es dunkel wird. Als Schnittblume im Haus bleiben sie aber tagsüber geöffnet. An einem geschützten, sonnigen Platz sind die Pflanzen leicht aus Samen heranzuziehen.
▼

◄ **Süßdolde**
Myrrhis odorata
Mit ihren grünen, fein gefiederten Blättern und den flachen weißen Blütendolden erinnert die Süßdolde an den Wiesenkerbel. Sie gedeiht im Schatten auf feuchten Böden und blüht bereits sehr zeitig im Frühjahr.

▲
Virginia-Levkoje E
Malcolmia maritima
Diese wüchsige Einjahrsblume blüht bereits vier bis sechs Wochen nach der Aussaat, die mit Erfolg vom Frühjahr bis zum Herbst durchgeführt werden kann. Die rosavioletten Blüten duften süß und halten lange, wenn die harten Stiele an den Enden etwas aufgeschnitten werden.

◄ **Schafgarbe** M
Achillea filipendulina
Die winterharte Schafgarbe hat streng duftende, farnartige Blätter und im Sommer leuchtend gelbe, breite Blütendolden. Wie bei vielen aromatischen Gewächsen prägt sich der Duft an sonnigem Standort besonders stark aus. In voller Blüte geschnitten und an einem dunklen Platz getrocknet, behält die Schafgarbe über Monate ihre Farbe und kann sehr gut für Wintersträuße verwendet werden.

AROMATISCHE KRÄUTER

Da man Kräuter in erster Linie als Würze für die Küche kennt, wird der dekorative Wert ihrer Blätter und Blüten häufig übersehen. Selbst in einem Dachgarten können Sie aber so viele Kräuter ziehen, daß noch genügend für die Vase übrig bleiben. Die Blätter von Kräutern sind farbenfroher und formenreicher, als man allgemein denkt. Purpurfarbenes Basilikum, graugrüne oder gelbe Salbeiblätter, bronzefarbene Fenchelspitzen und buntblättrige Minzen – sie alle bereichern das Schnittblumenangebot. Und grüne Kräuter, wie die Petersilie oder die Weinraute, bilden eine willkommene Abwechslung zu dem sonst üblichen grünen Beiwerk. Kombinieren Sie z. B. blauen Borretsch und Chrysanthemen, Bartnelken und Petersilie oder buntblättrigen Thymian mit einjährigem Rittersporn. Sie werden verblüfft sein.

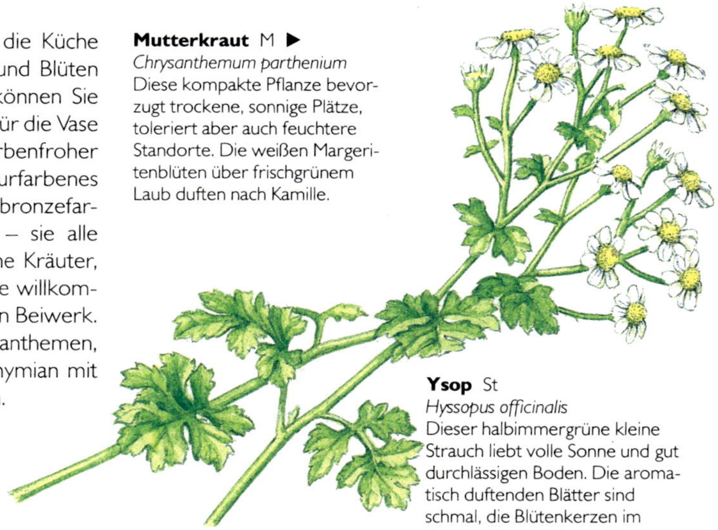

Fuchsschwanz
Amaranthus caudatus
Siehe Seite 171

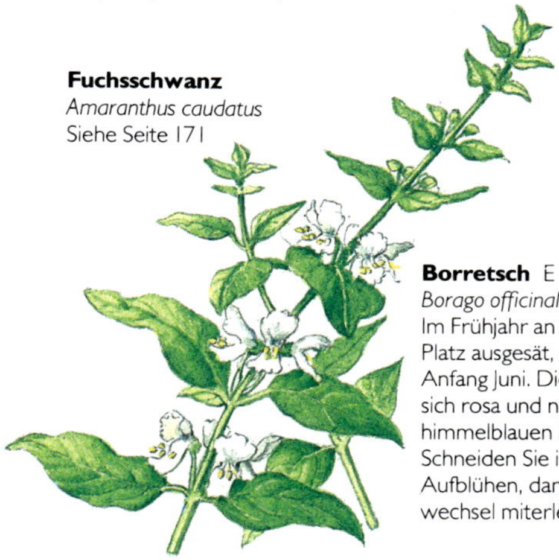

Basilikum E ▲
Ocimum basilicum
Das sonnenhungrige Basilikum, eine zarte, einjährige Pflanze, hat hellgrüne oder dunkelpurpurne (Sorte 'Dark Opal') Blätter. Das Aroma erinnert etwas an Ingwer. Sehr hübsch macht sich Basilikum in kleinen Blumensträußchen.

Lorbeer St
Laurus nobilis
Der Lorbeer stammt aus dem Mittelmeerraum und kann bei uns nur als Kübelpflanze gehalten werden. Der immergrüne Strauch trägt feine, ovale, glänzende Blätter, die gelblichen Blüten sind ziemlich unscheinbar.

Indianernessel
Monarda didyma
Siehe Seite 166

Mutterkraut M ▶
Chrysanthemum parthenium
Diese kompakte Pflanze bevorzugt trockene, sonnige Plätze, toleriert aber auch feuchtere Standorte. Die weißen Margeritenblüten über frischgrünem Laub duften nach Kamille.

Borretsch E
Borago officinalis
Im Frühjahr an einem sonnigen Platz ausgesät, blüht Borretsch Anfang Juni. Die Blüten öffnen sich rosa und nehmen dann einen himmelblauen Farbton an. Schneiden Sie ihn kurz vor dem Aufblühen, damit Sie den Farbwechsel miterleben können.

Fenchel M
Phoeniculum vulgare
Der Fenchel ähnelt ein wenig dem Dill, wirkt insgesamt jedoch kräftiger und kann bis 1,5 m hoch werden. Die stabilen, glatten Stiele tragen zunächst fiederartige Blattbüschel, später im Sommer die gelben Blütendolden.
▼

Dill E ▲
Peucedanum graveolens
Die reizvoll gefiederten Blätter des Dills duften mild nach Lakritze. Im Hochsommer bilden sich gelbe, weit ausgebreitete Blütendolden. Auch die Samenstände eignen sich hervorragend für den Schnitt.

Ysop St
Hyssopus officinalis
Dieser halbimmergrüne kleine Strauch liebt volle Sonne und gut durchlässigen Boden. Die aromatisch duftenden Blätter sind schmal, die Blütenkerzen im Sommer blau und rosa. Ysop ist eine beliebte Bienenweide.

Minze M
Mentha
Viele Formen der gewöhnlichen Pfefferminze (*M. spicata*, Abb.) besitzen dekorative, duftende Blätter. *M. × piperita*, eine Kreuzung aus Wasserminze und Pfefferminze, fällt durch purpurfarbene Stiele und purpurn überlaufene Blätter auf. Die Sorte 'Citrata' duftet intensiv nach Zitrone.

Petersilie Z
Petroselinum crispum
Das bekannte Küchenkraut mit dem dichten, gekräuselten Blattwerk gedeiht an jedem halbwegs sonnigen Standort. Pflücken oder schneiden Sie es regelmäßig, sonst werden die Stiele bald hart.
▼

Rosmarin St
Rosmarinus officinalis
Ein dem Lavendel sehr ähnlicher kleiner Strauch mit schmalen, grünen, unterseits silbrigen Blättern. Im Frühjahr erscheinen blaue Blüten. Kübelpflanze, nicht winterhart.
▼

Raute M
Ruta graveolens
Die Raute riecht etwas streng, zeichnet sich aber durch sehr schönes, filigranes, graugrünes Blattwerk aus. Besonders fällt die Sorte 'Jackman's Blue' mit metallisch glänzendem, blauem Laub auf. Anzucht an einem sonnigen Standort aus Samen.

◀ **Salbei** St
Salvia officinalis
Ein beliebtes Küchenkraut mit grauen, purpurfarbenen (Sorte 'Purpurascens') oder gelben ('Icterina') Blättern. Im Frühsommer erscheinen auf hohen Stielen Massen kleiner, purpurner Blüten. Herrliche Blumen für die Vase.

Eberraute St ▲
Artemisia abrotanum
Eine süß duftende Vertreterin aus der Familie der Artemisien, die den Floristen seit jeher dekoratives Blattwerk geliefert hat. Die weichen Blätter sind fein gefiedert, die knopfartigen Blüten grünlichgelb.

Süßdolde
Myrrhis odorata
Siehe Seite 168

Thymian M ▲
Thymus
Der gewöhnliche Thymian (*Th. vulgaris*, Abb.) besitzt schmale, gegenständige Blätter und kleine, weißliche oder purpurfarbene Blüten im Sommer. Kleine Zweige unter einen Strauß gemischt, geben ihm ein herbes Aroma. *Th. citriodorus* duftet nach Zitrone und hat etwas größere, gelb gesprenkelte Blätter. Ebenfalls sehr schön: *Th. serphyllum*.

Waldmeister M
Galium odoratum
Der Waldmeister bildet hübsche kleine Blattquirle und bringt im Mai/Juni weiße, duftende Blüten hervor. Eine Bereicherung für kleine, bunte Sträuße. Gedeiht am besten im Halbschatten.

GRÜNE BLÜTEN

Auch oder gerade weil Grün in Form von Bäumen, Hecken und Rasenflächen in Natur und Garten so häufig vorkommt, schenkt man ihm kaum Beachtung. Grüne Blüten sind dagegen etwas Ungewöhnliches. Genauso wie bei roten oder gelben Blättern stellt hier die Verbindung von vertrauten Formen mit einer überraschenden Farbe einen besonderen Reiz dar. Grüne Blumen können leuchten oder blaß wirken, mehr zu Cremeweiß, Zitronengelb oder ins Blaugrün tendieren. Entfernen Sie in jedem Fall die Blätter an den Stielen und verwenden Sie die Blüten sparsam, entweder als Teil einer Grün-in-Grün-Komposition oder um in einem farbigen Strauß Akzente zu setzen. Ein Arm voll pinkfarbener Rhododendren wirkt beispielsweise durch ein paar grüne Blütenzweige der Wolfsmilch lockerer und weniger gewaltig. Ein Arrangement aus überwiegend grünen Zutaten wird einen interessanteren Charakter bekommen, wenn Sie auf verschiedene Grüntöne und kontrastreiche Formen und Strukturen achten.

◀ **Grüner Germer** M
Veratrum viride
Um den bis 1,2 m hohen Stiel dieser winterharten Staude sitzen im Sommer dicht an dicht frischgrüne, glockenförmige Blüten. Sehr schön mit den Blütenkerzen harmonieren die lanzettlichen Blätter. Leider ist diese überaus aparte Pflanze nur gelegentlich erhältlich. Wer das Glück hat, sie zu bekommen, sollte sie an einen feuchten, halbschattigen Platz setzen.

◀ **Nieswurz** M
Helleborus
Die verschiedenen Arten der Nieswurz zeichnen sich durchweg durch schönes, teils immergrünes Blattwerk mit deutlich hervortretenden Blattnerven aus. Einige tragen zauberhafte grüne Blüten. *H. foetidus* entfaltet im Spätwinter zitronengrüne Blütenglocken, deren Ränder feine rote Linien zieren. *H. lividus ssp. corsicus* (Abb.) wird etwa 60 cm hoch und blüht im April.

Engelwurz M ▶
Angelica archangelica
Die auffallenden Blätter dieser winterharten Staude erreichen nicht selten eine Länge von 90 cm, entsprechend dekorativ wirken sie in großen Körben. Die zahlreichen kleinen, grüngelben Blüten erscheinen im Frühsommer und sind in üppigen Dolden angeordnet. Die sich daraus entwickelnden Samenstände können ebenfalls gut verwendet werden. Im Garten gedeiht die Engelwurz am besten an einem feuchten, sonnigen Standort.

Muschelblume E
Molucella laevis
Eine einjährige, etwa 45 cm hohe Sommerblume mit großen, olivgrünen Blütenschalen und rundlichen, an den Rändern stark gezähnten Blättern. Sie gedeiht an jedem sonnigen Standort im Garten und kann getrocknet für Dauersträuße verwendet werden.
▼

Fritillarie Zw ▲
Fritillaria
Fritillaria acmopetala (Abb.) trägt an zierlichen 45 cm hohen Stielen nickende, schneeglöckchenartige Blütenglocken mit außen jadegrüner, innen kastanienbrauner Zeichnung. Aus Samen gezogen brauchen sie mehrere Jahre bis zur ersten Blüte. Besser setzen Sie daher bereits blühfähige Zwiebeln, und zwar möglichst jedes Jahr neue, denn der Schnitt schwächt die Pflanzen doch sehr.

▲
Hortensie St
Hydrangea
Einige Formen der Hortensie überraschen den Gärtner im Sommer mit cremeweißen, grünlich überlaufenen Blüten. *H. paniculata* 'Grandiflora' (Abb.) ist eine dieser Arten. Schneiden Sie die fliederartigen, länglichen Dolden wenn sie sich gerade öffnen. Später nehmen sie eine rosa Tönung an. Siehe auch S. 175.

◀ **Aronstab** Zw
Arum
Die Blüte von *Arum* (Abb.) besteht aus einer kelchförmigen, gelblichgrünen Spatha (Hüllblatt) und einem auffallenden gelben Kolben. Im Herbst entwickeln sich daraus dunkelrote Beeren. *Zantedeschia aethiopica*, die Calla, ist eine nahe Verwandte mit trompetenförmigen Blüten in Weiß oder Zitronengelb.

Fuchsschwanz E

Amaranthus caudatus 'Viridis'

Eine grün blühende Variante des bekannten purpurfarbenen Fuchsschwanz. Säen Sie den Samen an einem sonnigen Platz aus, sobald sich der Boden im Frühjahr erwärmt hat, und beten Sie für einen sonnenreichen Sommer, denn *Amaranthus* ist ein Kind der Tropen. Entfernen Sie vor dem Arrangieren alle Blätter, auf daß die Schönheit der „Troddeln" optimal zur Geltung kommt. ▼

Ziertabak E

Nicotiana

Siehe Seite 168

◀ **Zinnie** E

Zinnia elegans

Die 60 cm hohe Sorte 'Envy Double' bringt große gefüllte Blüten in zartem Chartreusegrün hervor. Zinnien gedeihen in der Sonne oder im Halbschatten und blühen von Sommer bis Herbst.

Frauenmantel M ▲

Alchemilla mollis

Mit ihren ornamentalen Blättern und den lockeren, grünlichgelben Blütenrispen im Juni/Juli war diese Pflanze bei den Floristen schon immer sehr begehrt. Sie fühlt sich in der Sonne und im Halbschatten in beinahe jedem Boden wohl.

Salomonssiegel M ▲

Polygonatum × *hybridus*

Mit seinen bis 60 cm hohen, elegant gebogenen Stielen gleicht das Salomonssiegel auf den ersten Blick einem großen Maiglöckchen. Aus den Achseln der hellgrünen, gerippten Blätter entspringen jeweils zwei bis drei süß duftende, innen weiße, außen grünliche Blütenglöckchen. Im Spätherbst entwickeln sich daraus blauschwarze Beeren.

Euphorbia myrsinites

Euphorbia wulfenii

◀ **Aurikel** M

Primula auricula

Von der winterharten Staude und ihren vielen Sorten gibt es auch zwei grüne Formen: 'Lovebird' und 'Orb'. Beide blühen im Frühjahr und werden bis 50 cm hoch. Die großen, fleischigen Blätter finden in der Blumensteckkunst ebenfalls vielseitige Verwendung.

Milchstern Zw ▶

Ornithogalum nutans

Die weißen, weit geöffneten Blütensterne von *O. nutans*, die im Frühjahr erscheinen, zeigen im reiferen Blühstadium eine grüne Zeichnung, so daß sie insgesamt grün aussehen. Stellen Sie die Blütenstiele für sich in kleine Glas- oder Silbervasen. In gemischte Arrangements eingefügt, gehen die zarten, grüngestreiften Glöckchen optisch meist unter.

Wolfsmilch M ▶

Euphorbia

Euphorbia myrsinites mit schiefergrauen Blättern blüht im Frühjahr zitronengelb. Die kriechende Staude wächst leicht aus Samen heran und wirkt besonders apart in einem einfachen Tontopf. *E. polychroma* mit gelben Blüten über grünen Blättern wird 30 bis 40 cm hoch und gedeiht auch noch in mager-trockenen Böden, in der Sonne oder im Halbschatten. *E. characias ssp. wulfenii* erreicht eine Wuchshöhe von 60 bis 120 cm. Ist aber etwas frostempfindlich. Alle genannten Arten halten sich sehr lange in der Vase.

WILDBLUMEN

Durch die intensive landwirtschaftliche Bearbeitung der Böden werden die Wildblumen leider immer mehr bedroht. Graben Sie deshalb niemals Arten aus, die unter Naturschutz stehen, und sammeln Sie auch nicht deren Samen. Außerdem sollten Sie niemals Blumen pflücken, ohne zuvor den Eigentümer des Geländes um Erlaubnis zu bitten. Zum Glück sind Samen von einigen Wildblumen inzwischen auch im Samenfachhandel erhältlich, in Einzelarten oder als Mischung. So können Sie Wiesen, Waldflora, Heide und Steppe in den Garten holen, ohne die Natur ihrer Schätze zu berauben. Die hier ausgewählten Wildblumen sind nach ihren natürlichen Lebensbereichen geordnet.

KORNFELD

Aussaat in sonnigen Rabatten

Kornrade E
Agrostemma githago
Von den Züchtern aus der Natur eingeführt und bearbeitet, haben wir in der Kornrade nun eine hervorragende einjährige Rabatten- und Schnittblume. *A. githago* 'Milas' (Abb.) hat zahlreiche mauvefarbene, pflaumenblau gezeichnete Blüten mit hübschem, weißem Auge. ▶

Kornblume E
Centaurea cyanus
Siehe Seite 157

▲
Saatwucherblume E
Chrysanthemum segetum
Eine 90 cm hohe Einjahrsblume mit gesägten, fleischigen Blättern. Die einzeln an den Stielen sitzenden gelben Margeritenblümchen erscheinen im Sommer.

◀ **Klatschmohn** E
Papaver rhoeas
Der gewöhnliche Klatschmohn, der im Sommer auf den Äckern und an Feldrainen blüht. Schneiden Sie ihn schon in der Knospe, damit Sie beobachten können, wie sich die seidigen Blütenblätter entfalten. Zuvor jedoch die Stielenden kurz in kochendes Wasser tauchen, dadurch hält sich der Mohn in der Vase länger. Die Blütenblätter fallen bald ab, behalten aber ihre Farbe und können an ihrem neuen Platz wunderschön aussehen. Die Samenstände des Klatschmohns verschönen herbstliche Arrangements.

Leimkraut E
Silene alba
Das Leimkraut blüht vom späten Frühjahr bis zum Herbst und siedelt sich gern auf Brachflächen an. Die 7 cm großen, reinweißen Trompetenblüten sitzen auf festen, 60 cm hohen Stielen.
▼

Wildes Stiefmütterchen Zw
Viola tricolor
Die Blüten des Wilden Stiefmütterchens variieren stark in der Farbe. Gelb, Purpur und Weiß sind jedoch die übliche Kombination. Umgeben Sie kleine Sträuße mit einer Manschette herz- oder nierenförmiger Blätter und schmücken Sie damit den Tisch. Für größere Gebinde eignen sich die haltbaren kleinen Blumen dagegen weniger. Siehe auch Seite 159: *Viola × wittrockiana.*

WIESE

Aussaat im Frühjahr an halbschattiger Stelle.

▲
Schlüsselblume M
Primula veris
Im zeitigen Frühjahr entrollen sich die Blätter wie Spulen dem kalten Boden. Der Blattrosette entspringt ein 10 cm hoher Stiel, der von einer Dolde kleiner, gelber Primelblüten gekrönt wird. Mit ihrem frischen Duft gehört die Schlüsselblume zu den wichtigsten Frühlingsschnittblumen.

Flockenblume M
Centaurea scabiosa
Mit distelartigen, rosa Blüten auf 90 cm hohen Stielen kommt diese Blume bevorzugt auf kalkhaltigen Böden vor. Sympathischerweise hat sie weder Stacheln noch Dornen und blüht vom Frühsommer bis in den Herbst hinein. Eine ausgesprochen anspruchslose und doch ornamentale Schnittblume. ▼

◀ **Wiesenhahnenfuß** M
Ranunculus acris
Diese bekannte Wiesenblume bringt im Sommer kleine, goldgelbe Blütenschalen mit auffallendem, grünem Fruchtknoten hervor. Die Artbezeichnung *acris* bezieht sich auf den scharfen Saft der Pflanze. Vorsicht also beim Schneiden, am besten Handschuhe anziehen. Die tief eingeschnittenen, ausgebreiteten Blätter werden, je weiter oben sie an dem 90 cm hohen, behaarten Stiel sitzen, zunehmend kleiner und einfacher.

Moschusmalve M ▶
Malva moschata
Eine zierliche Staude mit tief eingeschnittenen, leicht nach Moschus duftenden Blättern und 5 cm großen, rosafarbenen Blüten. Sie öffnen sich nur über einen relativ kurzen Zeitraum im Sommer und bieten zusammen mit den ersten Duftwicken einen zauberhaften Anblick.

Lein M
Linum perenne
Einst zur Gewinnung des feinen, Irischen Leinen angebaut, dient Lein heute in erster Linie Zierzwecken. Im Juni/Juli sitzt die graziöse, 60 cm hohe Pflanze mit den nadelförmigen Blättern voller kleiner, hellblauer Blütenkelche. Die sich daraus entwickelnden Fruchtkapseln springen senkrecht auf, wobei der Same sichtbar wird. Eine hübsche Ergänzung für herbstliche Sträuße. ▼

▲
Wiesenmargerite M
Chrysanthemum leucanthemum
Die bekannte Wiesenblume mit den typischen weißgelben Korbblüten auf drahtigen Stielen erscheint von Ende Mai an den ganzen Sommer über und bietet sowohl im Garten als auch in der freien Natur ein anmutiges Bild. Kombinieren Sie Margeriten mit anderen Wildblüten oder Blumen des Bauerngartens. Bei Einbruch der Dunkelheit schließen sich die Blüten.

GEHÖLZ

Standort unter Bäumen und Sträuchern, Aussaat im zeitigen Frühjahr

Hasenglöckchen Zw
Scilla non-scripta
Die Kultursorten haben nicht annähernd den Charme der Wildart. Verwenden Sie die zarten Stiele mit den blauen Glöckchen in einfachen Gebinden.

Tüpfeljohanniskraut M ▶
Hypericum perforatum
Die krautige, 60 cm hohe Staude blüht überreich von Juni bis in den Herbst hinein. Die goldgelben Blüten sind in lockeren Trauben angeordnet und heben sich wunderschön von dem dunkelgrünen Laub ab. Auf den Blättern sind schwarze Tupfen zu sehen, die ein aromatisches Harz enthalten.

Waldziest M ▲
Stachys sylvatica
Diese auch als Waldnessel bekannte Wildpflanze wird etwa 90 cm hoch und treibt im Spätsommer locker aufgebaute, purpurne Blütenkerzen. Sie breitet sich durch Rhizome aus und liebt schattige, nicht zu feuchte Standorte.

Nesselglockenblume M
Campanula trachelium
Im Sommer findet man die blauen Blütenglocken überwiegend in Laubwäldern und am Rand von Gebüschen und Hekken. Die hübsche Staude wird 60 cm hoch und bildet eine schöne Ergänzung zu den anderen Glockenblumen des Sommers, beispielsweise die rosa- und mauvefarbenen Marienglokkenblume. ▼

Heimische Primel M
Primula vulgaris
Die bekannte heimische Frühlingsblume mit schwefelgelben Blüten auf 10 cm hohen Stengeln. ▼

Wilde Möhre Z
Daucus carota
Die spitzenartigen, weißen Doldenblüten dieser zweijährigen Pflanze sind außerordentlich dekorativ. Mit ihnen lassen sich konventionelle Sträuße, z. B. Rosen, charmant auflockern. Man kann aber auch kleine Büschel in Duftsträußchen einfügen. Immer gut machen sich Wilde Möhren in bunten Bauernsträußen und in Wildblumenarrangements. Eine Reihe von Doldenblütlern sehen der Wilden Möhre sehr ähnlich, darunter der Wilde Kerbel und die Bibernelle.

▲
Rotes Leimkraut E
Silene dioica
Wie das weiße Leimkraut *(Silene alba)* hat auch diese Art sternförmige Blüten, jedoch in apartem Rosarot. Es bevorzugt Gehölzränder und Straßenböschungen und erscheint zu einem günstigen Zeitpunkt im Frühjahr, wenn rote Blüten sonst eher rar sind. Wuchshöhe 60 cm.

Wilder Fingerhut Z
Digitalis purpurea
Die stattlichen, rosafarbenen Blütenkerzen halten sich gut in der Vase und eignen sich hervorragend als Rahmen für größere Arrangements. Der Name Fingerhut bezieht sich auf die Form der großen Blütenglocken, die an das bekannte Nähutensil erinnert. Fingerhüte wachsen zweijährig und säen sich gerne selbst aus. Am wohlsten fühlen sie sich im Halbschatten.

BLÜHENDE BÄUME UND STRÄUCHER

Bäume und Sträucher liefern fast das ganze Jahr über reichlich Schnittgrün und Blüten für die Vase. Glücklicherweise vertragen oder brauchen die meisten Blütensträucher sogar einen maßvollen Schnitt, so daß jeder Gärtner den Lohn seiner Mühen auch im Haus in großen Körben oder Krügen genießen kann. Die gelbe Forsythie läßt, begleitet von samtigen Weidenkätzchen, kühle Vorfrühlingstage erstrahlen. Etwas später kommen die Obstgehölze mit ihren herrlichen, blütenüberladenen Zweigen. Der Frühsommer bringt duftenden Ginster und Flieder, der Hochsommer den Schmetterlingsstrauß, die süß nach Jasmin duftenden Blütensträuße des Pfeifenstrauchs und prächtige Hortensien, der Herbst schließlich Zweige mit herrlichem Beerenschmuck.

Ginster
Cytisus, Genista, Spartium
Im Frühsommer verschwindet der 1,8 m hohe *C. scoparius* (Abb.) unter einer ganzen Flut von herb duftenden, goldgelben Blüten. Unter den drei oben genannten Gattungen ist *C. scoparius* die formenreichste, mit Sorten in Goldbraun, Rot, Orange, Hellgelb und Apricot. Der Spanische Ginster *(Spartium)*, der bei uns leider nur bedingt winterhart ist, schmückt sich im Spätsommer mit strahlend gelben Schmetterlingsblüten.
▼

▲
Schmetterlingsstrauch
Buddleia
Der auch unter dem Namen Sommerflieder bekannte Strauch mit den dunkelvioletten, rosafarbenen und weißen Blütentrauben ist im Hochsommer der absolute Liebling der Schmetterlinge, die ihn oft zu Hunderten umschwärmen. Er wird bis zu 3 m hoch, muß aber, um reichlich zu blühen, jedes Jahr im Spätwinter radikal zurückgeschnitten werden. Im Zimmer läßt der süße Honigduft der Blüten leider rasch nach.

Apfel
Malus
Aus den weißen, rosafarbenen oder roten Blüten dieser sommergrünen Bäume bilden sich zum Herbst hin mehr oder weniger auffällige Früchte. Der gewöhnliche Wildapfel *(M. sylvestris)* trägt weiße, rosa überhauchte Blüten. *M. floribunda* (Abb.), der japanische Zierapfel, entwickelt sich zu einem 3,5 m hohen, rundlichen Baum mit rosaroten Knospen, die sich hellrosa öffnen.

Seidelbast
Daphne
Siehe Seite 166

Hartriegel
Cornus
Siehe Seite 178

▲
Goldglöckchen, Forsythie
Forsythia
Ein lohnenswerter, wüchsiger Strauch mit, je nach Sorte, unterschiedlich gelben Blüten. Da gibt es z. B. das helle Zitronengelb von *F. suspensa fortunei*, das Kanariengelb von *F. × intermedia* 'Beatrix Farrand' und das Goldgelb von *F. × intermedia* 'Lynwood' (Abb.). Forsythien werden 2 bis 3 m hoch und blühen im März/April.

▲
Azalee
Rhododendron
Frühling ist die Zeit der Azaleen, die zu den blühfreudigsten aller sommergrünen Sträucher zählen. Es gibt eine große Bandbreite von Farben, darunter besonders beeindruckend die Orange-, Gelb- und flammenden Rottöne. Die Einzelblüten haben Durchmesser bis zu 5 cm und sitzen meist in dichten Büscheln oder Trauben zusammen. *Rh. quinquefolium* mit kleinen, lockeren Dolden weißer Blütenglöckchen, gehört zu den schönsten Arten. Unter den Mollis-, Exbury- und Knaphill-Hybriden blüht 'Cécile' (Abb.) rosa. Die immergrünen Japanischen Azaleen bleiben im Wuchs niedriger und sind farblich nicht so nuancenreich.

Brombeere
Rubus
Die stachellose Brombeere, *R. deliciosus*, treibt lange, gebogene Zweige mit weißen, schalenförmigen Blüten, die denen der Hundsrose sehr ähnlich sind. Im Herbst bilden sich daraus kleine, wenig aromatische Beeren. Mit ihren tief eingeschnittenen, zierenden Blättern ergänzt sie sich mit Gräsern und beerentragenden Sträuchern. *Rubus* 'Tridel' (Abb.) hat ebenfalls weiße, aber etwas größere Blüten mit auffälligen gelben Staubfäden. ▼

Säckelblume ▲
Ceanothus
Bei diesem Strauch scheinen sich das Laub der Hortensie mit den Blüten des Spanischen Flieders zu vereinen. Winterhart sind nur sommergrüne Formen wie 'Gloire de Versailles', die im Juni/Juli blüht. Die im Frühjahr zur Blüte kommenden immergrünen Arten wie *P. carasifera* sind dagegen nur als Kübelpflanzen zu halten.

Zierkirsche ▲
Prunus
Sommergrüne Bäume und Sträucher mit unzähligen weißen oder rosafarbenen Blütenbüscheln im Frühjahr. Die Blätter vieler Arten färben sich im Herbst auffallend kupferrot. *P. cerasifera* (Abb.), die Kirschpflaume, bringt im April hübsche rosafarbene Sternblüten hervor. Eine der bekanntesten Japanischen Zierkirschen ist die Sorte 'Kanzan'.

Schneeball
Viburnum opulus
Beliebt sowohl wegen seiner weißen, manchmal leicht grün überhauchten Blütendolden als auch wegen des roten Beerenschmucks im Herbst. Sogar die ahornähnlichen Blätter sind dekorativ. Der Strauch wächst beinahe in jedem Boden, blüht im Sommer und wird bis zu 4 m hoch. Eine sehr schöne gefüllte Sorte ist *V. opulus* 'Sterile'. Sie setzt allerdings keine Beeren an.

Hibiskus
Hibiscus
Bei Hibiskus denkt man unwillkürlich an tropische Strände und Gemälde des französischen Malers Paul Gauguin, obwohl die Pflanze eigentlich in China zu Hause ist. Er blüht recht spät im Sommer und verlangt volle Sonne. *H. rosa-sinensis*, die bekannte Kübel- und Zimmerpflanze, wächst 1,5 m hoch und hat rote, gelbe oder orangefarbene Blütenkelche über glänzend dunkelgrünem Laub. *H. syriacus* ist winterhart und blüht rosa, rot, violett oder weiß. Zu den schönsten Sorten zählt 'Hamabo' (Abb.).
▼

Hortensie
Hydrangea
H. macrophylla, die im Sommer, wenn vorgetrieben auch früher blühende Bauernhortensie, wird in zwei Gruppen unterteilt: die flachdoldigen Formen mit Sorten wie 'Blue Wave' und die ballförmigen Hortensien mit großen, dichten Blütenköpfen. Ihre Farbe ändert sich, ähnlich wie bei Lackmuspapier, mit der Reaktion des Bodens. Bei alkalischem Boden blühen sie in rosa Tönen, bei saurem blau.

Jasmin
Jasminum
Siehe Seite 166

Magnolie ▲
Magnolia
Die Geduld jahrelangen Wartens (manchmal bis zu zehn Jahren) belohnt *M. liliiflora* 'Nigra', die Purpurmagnolie, mit edlen, außen weinroten, innen rosafarbenen Blüten. Nicht ganz so lange bis zur ersten Blüte braucht *M. × soulangiana*, die Tulpenmagnolie, die man häufig in großen, älteren Stadtgärten und Parks bewundern kann. *M. grandiflora* (Abb.), eine immergrüne Art mit großen, weißen, duftenden Blüten im Sommer ist leider nur in sehr milden Gegenden winterhart.

Mimose
Acacia dealbata
Siehe Seite 167

Pfeifenstrauch
Philadelphus
Siehe Seite 168

Zierquitte
Chaenomeles)
Diese dekorativen Gartensträucher glänzen im Frühjahr mit blutroten oder orangefarbenen Blütenschalen, aus denen sich zum Herbst hin große, gelbe Früchte entwickeln. Da die meisten anderen Frühlingsblüher weiß, gelb oder blau sind, besitzt die Zierquitte für Floristen besonderen Wert. Empfehlenswert: *Ch. lagenaria* (Abb.) sowie die verschiedenen Gartenhybriden.
▼

Lavendelheide ▶
Pieris japonica
Die hängenden, cremeweißen Blütentrauben dieses 2,5 m hohen, immergrünen Strauches erinnern ein wenig an Maiglöckchen. Im Halbschatten, vor extremer Hitze und Kälte geschützt, und in humoser, torfhaltiger Erde bildet dieser Strauch eine wundervolle Komposition aus Blüten und Blättern. Der neue Blattaustrieb im Frühjahr ist zunächst leuchtend rot, geht dann in Rosa über und nimmt schließlich den tiefen Grünton des älteren Laubes an.

Rhododendron
Rhododendron
Als eine der größten Pflanzengattungen umfaßt Rhododendron sowohl immergrüne als auch laubabwerfende Pflanzen, sowohl Bäume als auch kleine Zwergsträucher. Die Azaleen (S. 174) sind nur eine von vielen Rhododendrongruppen. Wenn Sie Azaleen für die Frühjahrsblüte kultivieren, sollten Sie für den Bedarf im Frühsommer zusätzlich einige großblumige Rhododendron-Hybriden anpflanzen und vielleicht noch einige pontische Azaleen mit wunderschönen rundlichen Blütenköpfen in Rosa, Cremeweiß, Gelb und Rot.

◀ Johanniskraut
Hypericum patulum
Ein kleiner, 60 cm hoher, halbimmergrüner Strauch, der auch an trockenen Plätzen unter Bäumen gedeiht. Über den ovalen Blättern öffnen sich von Ende Juli bis zum ersten Frost einfache, gelbe Blüten, die, wenn man sie schneidet, leicht duften. Der Schnitt wirkt sich insgesamt auf Wuchsform und Wachstum positiv aus. Besonders schön ist die Sorte 'Hidcote'.

Spiräe ▲
Spiraea
Mit ihrem Blütenfleiß haben sich diese wüchsigen Sträucher schon längst überall einen Namen gemacht. Im Frühling blühende Arten wie *S. arguta* zeigen weiße Blütenrispen an elegant gebogenen Zweigen. Sommerblühende Arten bringen überwiegend rötliche Blüten hervor. Bestes Beispiel die 1 m hohe *S. × bumalda* (Abb.). Ein sonniger Standort kann die Gesamtblütezeit wesentlich verlängern.

Weide ▲
Salix
Behaarte Kätzchen an grauen, biegsamen Zweigen sorgen im Spätwinter und zeitigen Frühjahr für eine lang haltende Dekoration im Zimmer. *S. daphnoides* (Abb.) besitzt silbrige männliche Kätzchen, die in der Vase bis zu zwei Wochen halten, bevor sie langsam gelb werden. Schneiden Sie die Zweige dieses großen, sommergrünen Strauches, sobald die Knospen erscheinen.

Zaubernuß
Hamamelis mollis
Siehe Seite 181

ZIMMER- UND GEWÄCHSHAUSPFLANZEN

Blumen aus Übersee, frisch geschnitten und luftgekühlt transportiert, haben das jahreszeitliche Blumenangebot in den letzten Jahrzehnten erheblich erweitert. Ringelblumen, Kornblumen und Mohn, die herkömmlichen Sommerblumen des gemäßigten Klimabereichs sind in den nördlichen Ländern jetzt den ganzen Winter über erhältlich. Aber nicht alle Blüten, die ganzjährig angeboten werden, sind Importe. Chrysanthemen, Freesien und Gerbera beispielsweise lassen sich unter kontrollierten Licht- und Temperaturbedingungen das ganze Jahr über im Gewächshaus kultivieren. Bei idealen Voraussetzungen gedeihen unter Glas sogar Exoten, beispielsweise Orchideen.

Dieses Kapitel schließt darüber hinaus dekorative Zimmerpflanzen mit ein. Sie können als Schnittblumen in Sträuße eingebunden werden oder als Topfpflanzen in größere, mehrteilige Arrangements. In warmen Klimazonen wachsen viele der beschriebenen Pflanzen natürlich im Freien.

Kamelie St
Camellia
Eine etwas kälteempfindliche Pflanze, die nur in milden Gebieten winterhart ist. Vor allem die sehr früh erscheinenden Blüten sind gefährdet. In gefrorenem Zustand der Sonne ausgesetzt verfärben sie sich schwarz. Kamelien finden deshalb besser einen Platz im kalten, gerade frostfrei gehaltenen Gewächshaus. Zu den wertvollsten Arten zählen: *C. japonica*, *C. reticulata*, *C. saluenensis*, *C.* × *williamsii* 'Donation' (Abb.) ▼

Chrysanthemum 'Tracy Waller'

Chrysanthemum 'Parade'

Chrysantheme M ▲
Chrysanthemum
Im Frühjahr aus Stecklingen herangezogen, blüht die Gewächshaus-Chrysantheme im Spätherbst gerade dann, wenn die Freilandarten ihren Flor beenden. Chrysanthemen benötigen für ihre schweren Blütenköpfe eine Stütze; ordnen Sie die Stiele deshalb über stabilem Zweigwerk an oder lassen Sie die Blumen in flachen, mit Wasser gefüllten Schalen schwimmen. Schöne Sorten sind 'Marjorie Boden', 'Tracy Waller' (Abb.), 'Parade' (Abb.), 'Mason's Bronce', 'Thora', 'Luyoba' und 'Solley'.

Begonie Zw
Begonia
Die Begonie wird wegen ihrer auffallenden scharlachroten, rosa- und orangefarbenen, gelben und weißen Blüten sehr gern im Gewächshaus gezogen. Entfernen Sie bis zum Herbst alle Knospen, um die Blüte im Winter anzuregen. Begonien halten in der Vase nicht allzu lange, blühen aber reichlich, so daß man laufend Blüten nachschneiden kann. Besonders dankbar für die Vase ist die *Socotrana*-Hybride 'Regent' (Abb.). Weitere Begonien siehe Seite 178. ▼

▲
Kalifornisches Feuerwerk Zw
Dichelostemma ida-maia
Die büschelweise angeordneten, zigarrenförmigen roten Blüten mit gelben und grünen Spitzen erinnern auf den ersten Blick an das Geißblatt. Die Pflanze gedeiht im Zimmer oder im kühlen Gewächshaus. Bringen Sie die Blüten in Augenhöhe an, so daß man sie besser betrachten kann.

Freesie Zw
Freesia
Im Gewächshaus bringt das zarte Zwiebelgewächs den ganzen Winter über elegante, duftende Blütenrispen in Schneeweiß, Rosa, Mauve, Creme oder Goldgelb hervor. *Freesia*-Hybriden kann man sowohl im Gewächshaus als auch im Zimmer aus Knollen ziehen. Sobald die Blätter vergilben, die Knollen aus der Erde nehmen, trocknen lassen und an einem kühlen Ort lagern. Einige Freesien sind auch aus Samen vermehrbar. ▼

Amaryllis Zw ▲
Hippeastrum-Hybriden
Mehrere große rote, rosafarbene oder weiße Trichterblüten auf einem einzelnen Stiel zeichnen diese auffallende Pflanze aus. Um dem 60 cm hohen, innen hohlen Stiel mehr Festigkeit zu geben, helfen sich die Floristen mitunter mit einem kleinen Trick, indem sie dünne Stäbe einschieben. Besonders raffiniert wirken verschieden lange Amaryllis einzeln in schmalen Vasen wie die Orgelpfeifen aufgestellt.

◀ **Chincherinchee** Zw
Ornithogalum thyrsoides
Im kalten Gewächshaus blüht dieses Zwiebelgewächs schon im zeitigen Frühjahr. Es kann mit entsprechend späterer Blüte aber auch im Zimmer oder im Sommer im Freien gezogen werden.

Buntnessel
Coleus
Eine sehr pflegeleichte, beliebte Zimmerpflanze mit bunt gezeichneten und gefärbten, nesselartigen Blättern. Schneiden Sie die Knospen, sobald sie erscheinen. Zu den dekorativsten Arten zählt *C. blumei* aus Java.

Gardenie St
Gardenia
Ein attraktiver kleiner Strauß mit cremeweißen, stark duftenden Blüten, die früher gern als Knopflochschmuck verwendet wurden. Die schönste Art ist *G. jasminoides* mit kamelienartigen Blüten über glänzend grünen Blättern.
▼

◀ **Gladiole** Zw
Gladiolus
Am besten für die Kultur unter Glas eignen sich die früh blühenden *G.-Nanus*-Hybriden, darunter die weiße, rosa gezeichnete 'Blushing Pride', 'Peach Blossom' und die orangerote 'Ackerman'. Hier abgebildet sehen Sie die etwas großblütigere *G. primulinus* 'Treasure'. Gladiolen sind so beliebt, weil sie überreich blühen und lange in der Vase halten. Bei Gefäßen mit engem Hals die schwertförmigen Blätter entfernen.

Ixie Zw
Ixia
Pflanzen Sie im März bis zu acht Knollen in einen Topf und stellen Sie ihn ins Gewächshaus. Im Juni erscheinen auf drahtigen Stielen zwischen grasartigen Blättern die Blütensterne in lebhaften Blau-, Rot- und Gelbtönen und in Weiß.

Mimose
Acacia dealbata
Siehe Seite 167

Bubiköpfchen
Helxine soleirolii
In warmer, feuchter Umgebung (ideal wäre das Badezimmer) gedeiht das Bubiköpfchen mit seinen winzigen, dicht an dicht sitzenden Blättern am besten. Kultivieren Sie die Pflanze in einem kleinen Topf, den Sie dann an den Schluß einer Reihe kleiner Blütenarrangements setzen können. ▶

Orchideen ▲
Die Orchideen bilden eine große Familie mit zahlreichen Gattungen. Im Jahr 1836 zahlte der Herzog von Devonshire noch 1000 Guineen für eine *Phalaenopsis aphrodite*, die heute ohne Schwierigkeiten zusammen mit Frauenschuh und Cattley (Abb.) im warmen Gewächshaus gezogen wird. Cymbidien, in den USA zur Zeit sehr populär, brauchen eine kühlere Umgebung und viel Feuchtigkeit. Die faserige Bulbe darf nie austrocknen. Orchideen halten lange und kommen stundenlang ohne Wasser aus. Man verwende sie möglichst einzeln, damit ihr exotischer Charakter voll zur Geltung kommt. In der Abbildung sehen Sie *Cymbidium* 'Vieux Rose'.

Gerbera M ▶
Gerbera × jamesonii
Die beliebte Pflanze aus dem Süden Afrikas trägt auf kräftigen Stielen gefüllte oder halbgefüllte Margeritenblüten in Rot, Gelb, Orange, Lachs oder Cremeweiß.

Hohe Zwiebeliris Zw ▲
Iris
Unter diese Gruppe der Zwiebeliris fallen die Englischen, Spanischen und Holländischen Schwertlilien. Sie können vom Winter bis zum Sommer im Gewächshaus angetrieben werden. Die Holländische Iris *(I. xiphium × I. tingitana)* 'Wedgewood' genießt mit ihren hellblauen, weiß gezeichneten Blüten bei den Floristen die größte Beliebtheit. Die Spanische Iris *(I. xiphium)* blüht als erste, die Englische *(I. xiphioides)* am Schluß. Abgebildet sehen Sie *I. xiphium* 'Gypsy Girl'.

◀ **Nemesie** E
Nemesia strumosa
In Gegenden mit rauherem Klima empfiehlt es sich, diese Einjahrsblume im Gewächshaus zu ziehen. Die orangefarbenen, gelben, purpurnen, weißen und karminroten Trichterblüten sitzen an etwa 20 cm hohen Stengeln. Sehr schön: die Sorte 'Blue Gem' (Abb.).

Henne mit Küken
Tolmiea menziesii
Eine weit verbreitete, robuste Zimmerpflanze mit ausgebreitetem Wuchs und grünen oder gelb-bunten, behaarten, herzförmigen Blättern, die notfalls sogar etwas Frost verträgt.

INTERESSANTES BLATTWERK

Draußen im Garten übersieht man leicht das schöne Laub so mancher Pflanze, in der Vase gewinnt jedoch jedes Blatt an Bedeutung. Cremefarbene und weiße Marmorierung, gelbe Streifen und weiße Tupfen, pflaumenblaue, mahagonifarbene oder braune Halbkreise, Bänder oder Punkte sind nur einige Varianten aus einer Vielzahl zur Verfügung stehender Blattmuster. Darüber hinaus gibt es goldgelbes, dunkelpurpurnes, bronzefarbenes, blaugraues oder silbriges und selbstverständlich verschiedenartig grünes Blattwerk. Einige Blätter eignen sich von der Form her für Manschetten, nach Art der Biedermeiersträuße, zum Beispiel das muschelförmige Laub der Geranie oder die schwertartigen Blätter des Maiglöckchens. Von anderen Pflanzen wieder sollte man ganze Zweige verwenden und große Gefäße damit füllen. Legen Sie einige Kieselsteine in eine Kupfervase oder einen Korb und verankern Sie dazwischen die üppigen Zweige. Wilder Wein zum Beispiel verleiht einem einfachen Spätsommerstrauß mehr Farbe oder kann an einem großen Arrangement wirkungsvoll emporranken. Übertreiben Sie es jedoch nicht mit dem Herbstlaub. Die Jahreszeit bietet auch noch anderes reizvolles Beiwerk, zum Beispiel Zweige mit Beerenschmuck oder bizarre Samenstände.

Zierkohl E
Brassica oleracea
Der Zierkohl bildet eine außen creme-rosafarbene, innen karminrote Rosette aus großen, gekrausten Blättern. Die Färbung setzt jedoch erst ein, wenn die Temperaturen unter 10° Celsius sinken. Möchten Sie die Rosetten als Tischschmuck verwenden, sollten Sie sie ganz frisch schneiden, dann wird sich – vorausgesetzt, der Raum ist nicht zu warm – kein störender Kohlgeruch bemerkbar machen. ▼

Hartriegel St ▶
Cornus
Mittelgroße, sommergrüne Sträucher oder kleine Bäume mit herrlicher Herbstfärbung. Arten wie *C. alba* 'Argenteomarginata' und *C. nutallii* (Abb.) besitzen das attraktivste Laub. *C. alba* 'Sibirica' fällt im Herbst und Winter durch leuchtend rote Triebe auf. Der Blumenhartriegel *C. kousa* und seine Varietät *C. kousa var. chinensis* bringen außer prächtig gefärbtem Herbstlaub im Sommer Blüten mit auffallenden cremefarbenen Brakteen. Andere wertvolle Arten: *C. florida, C. stolonifera, C. mas.*

Blutbuche ▲
Fagus sylvatica 'Atropunicea'
Unter den Buchen findet man stattliche, große, sommergrüne Bäume, aber auch dankbare Heckenpflanzen. *F. sylvatica* 'Atropunicea' hat kupferrote, im Herbst glühend rote Blätter, die sich lange halten. Das glänzend grüne Laub der gewöhnlichen Buche paßt sehr schön zu heiteren Frühlingssträußen.

Holunder St
Sambucus racemosa
S. racemosa 'Plumosa Aurea' (Abb.) wächst sehr langsam; geduldige Gärtner werden jedoch mit dem feinsten goldgelben Laub belohnt, das der Garten zu bieten hat. Die gefransten Blätter treiben in einem hellen Kupferton aus und nehmen nach und nach eine blaßgelbe Farbe an. Aus den weißen Blüten entwickeln sich rote Beeren. Ebenfalls sehr hübsche Sträucher sind *S. nigra* 'Aurea' und *S. nigra* 'Laciniata'. ▼

Eberraute
Artemisia abrotanum
Siehe Seite 169. Ebenfalls zu empfehlen: *A. arborescens* und *A. ludoviciana.*

Caladium Zw
Caladium bicolor
Eine ausgesprochene Blattschmuckpflanze mit herzförmigem, auffallend gefärbtem und gezeichnetem Laub. Die Grundfarbe ist meist Weiß, die Umrandung oder das Muster rot oder grün. Bei einigen Formen dominiert aber auch dunkles Purpur. Empfehlenswerte Sorten: 'Candidum', 'Pink Cloud', 'Spotlight'.

Begonie Zw ▲
Begonia
Die grünen, purpurn oder bronzebraun gezeichneten Blätter der Begonie sind nicht nur farblich, sondern auch von der Form her äußerst anziehend. Das Muster von *B. masoniana* (Abb.) zeigt deutlich die Form des Eisernen Kreuzes, einige Sorten von *B. semperflorens* sind dagegen wunderschön purpurbraun. Begonienblätter halten nicht lange, man kann sie aber leicht ersetzen, wenn sie zu welken beginnen. Verwenden Sie Blätter und Blüten getrennt, so daß beide gebührend zur Geltung kommen können.

Sand- oder Weißbirke
Betula pendula
Die überhängenden, silbrigen Zweige mit den rautenförmigen, hellgrünen Blättern wirken wie elegante, große Farnwedel. Der Baum mit der leuchtend weißen Rinde liebt Sonne und leichte, sandige Böden. ▶

Eselsdistel Z
Onopordum
O. giganteum, eine Zweijahrsblume von statuenhaftem Charakter, entwickelt große Rosetten silbriger, stacheliger Blätter. Die hohen, silbergrauen Stiele von *O. acanthium* tragen ornamentale, graugrüne Blätter mit spinnwebartiger Behaarung. Im Sommer erscheinen kandelaberförmige Blütenstände mit rosavioletten Distelblüten.

Ölweide St ▲
Eleagnus pungens
Dieser gold-bunte oder grünlaubige Strauch liefert das ganze Jahr über Schnittgrün mit auffallender Zeichnung. Er stammt aus Japan und wächst etwa 3 m hoch. Bei der Kulturform 'Dicksonii' sind die Blätter gleichmäßig gelb-grün panaschiert, während sie bei 'Maculata' (Abb.) nur einen grünen Rand aufweisen. Für die Floristen zählt die Ölweide im Winter zu den wichtigsten Lieferanten von grünem Beiwerk.

Buntnessel E, M
Coleus blumei
Siehe Seite 176

Alpenveilchen Zw
Cyclamen purpurascens, C. hederifolium
Siehe Seite 157

Prachtglocke St
Enkianthus
Ein mittelgroßer, sommergrüner Strauch für halbschattige Lagen und saure, humose Böden. Die Blätter an den rötlichen, aufrechten Zweigen färben sich im Herbst zunächst gelb und schließlich flammend rot. Im Frühsommer erscheinen urnenförmige, cremeweiße Blüten mit roter Zeichnung.

Spindelstrauch/Pfaffenhütchen St
Euonymus
Es gibt zwei Gruppen von *Euonymus*: sommergrüne Arten und immergrüne. Erstere, zu denen das Heimische Pfaffenhütchen *Eu. europaeus* gehört, fallen durch ihren Fruchtschmuck und ihre rote oder rosarote Herbstfärbung ins Auge. Besonders überwältigend ist das purpurrote Laub von *Eu. oxyphyllus*. Verwenden Sie es z. B. in Kombination mit purpurfarbener Heide. Unter den immergrünen Arten ist *Eu. japonicus* 'Aureus' (Abb.) für den Schnitt zweifellos am wertvollsten. Der Strauch braucht allerdings einen geschützten, im Winter schattierten Standort. Sicherer überwintert er im Kübel an einem frostfreien Platz. ▼

Becherkätzchen St
Garrya elliptica
Diese charmante Immergrüne mit den gewellten, oberseits glänzend grünen, unterseits weißwolligen Blättern, ist leider nur an sehr geschützten Stellen winterhart. Gelegentlich bekommt man die Zweige aber in Blumengeschäften angeboten. Besonders lang und entsprechend dekorativ sind die männlichen Kätzchen. Sie erscheinen zwischen Januar und März.

Schattenblume M ▲
Smilacina racemosa
Eine aparte, dem Salomonssiegel ähnliche Schattenstaude mit frischgrünen, lanzettlichen Blättern und cremefarbenen, süß duftenden Blütentrauben im Juni. Die roten Beeren, die sich daraus bilden, sind manchmal hübsch purpurn gesprenkelt. Pflanzen Sie *Smilacina* in feuchthumosen Boden, möglichst vor oder zwischen schattenspendende Sträucher.

Goldliguster St
Ligustrum ovalifolium 'Aureum'
Wer über einen geschützten Platz im Garten verfügt, kann den ansonsten anspruchslosen Goldliguster pflanzen. Kleine Zweige des gelb-bunten Strauches bereichern das ganze Jahr über Blumensträuße aller Art, besonders kleine Kräutersträußchen. Lassen Sie aber immer einige Zweige ungeschoren. An ihnen erscheinen dann im Herbst schöne schwarze Beeren.

Stechpalme St ▶
Ilex
Jeder, der einmal den Stechpalmenweg im Botanischen Garten von Kew/England besucht hat, weiß, welch immense Vielzahl verschiedener Blätter und Blattfarben dieses immergrüne Gehölz hervorbringt. Bei *I.* × *altaclarensis* 'Lawsoniana' (Abb.) und *I. aquifolim* 'Argenteomarginata' sind sie z. B. gelb bzw. weiß panaschiert. Ganze Arme voll davon ergeben herrliche Wintersträuße. Besonders schön mit allen gelb-bunten Sorten harmoniert der Winterjasmin, der genau dasselbe Gelb wie sie aufweist.

Eukalyptus ▲
Eucalyptus
Eu. gunnii (Abb.), die härteste Art, besitzt wunderschönes blaugraues Laub. Die Blätter von *Eu. citriodora* duften nach Zitrone, daher der Name Zitronen-Eukalyptus. *Eu. coccifera*, der Pfefferminz-Eukalyptus, trägt rundliche, blaue Blätter, die später schmaler werden und einen graugrünen Ton annehmen. Leider sind alle Eukalyptus nicht sicher winterhart und nur im Kübel zu halten.

Strohblume E, M
Helichrysum
Im allgemeinen wird diese kurzlebige Staude hauptsächlich wegen der gelben Blüten gezogen, die man für Trockenblumensträuße verwenden kann. Genauso wertvoll ist aber das frische Laub. *H. thianshanicum* besitzt weiche, silbrig behaarte Blätter, die nach Curry duften. Am schönsten entwickelt sich die Staude in armen, durchlässigen Böden in voller Sonne. Die Anzucht erfolgt im Frühjahr aus Stecklingen.

◀ **Hopfen** E
Humulus
H. lupulus, der gewöhnliche Hopfen, liefert nicht nur einen der für die Herstellung von Bier erforderlichen Grundstoffe, er ist auch ein verblüffender Kletterer, der in einem Sommer bis zu 20 m lange Triebe bildet. Den Floristen interessieren aber in erster Linie seine ovalen, gleichmäßig geformten Blätter. *H. japonicus* 'Variegatus' (Abb.), der japanische Hopfen, ist seit einiger Zeit als Zierpflanze sehr beliebt. Mit seinen langen Ranken können Sie z. B. die Henkel von Körben schmücken.

INTERESSANTES BLATTWERK

Funkie M ▲
Hosta
Diese winterharten Stauden zeichnen sich sowohl durch dekoratives Blattwerk als auch durch schöne, lilienartige Trompetenblüten im Hochsommer aus. *H. fortunei* 'Albopicta' (Abb.) treibt breite, gewellte, anfangs hellgelb gezeichnete Blätter, die später etwas nachdunkeln. *H. sieboldiana* 'Elegans' hat blaugraues Laub und lila-weiße Blüten, *H. undulata* 'Univittata' breite, weiße Streifen auf grünem Untergrund. Funkien mit panaschiertem Laub gedeihen am besten im Schatten.

Heiligenkraut
Santolina chamaecyparissus
Siehe Seite 167

Ziermais E
Zea mays
Das Wertvollste an dieser Pflanze sind die glänzend gelben, rötlichen, braunen oder bunt gesprenkelten Kolben, die im Spätsommer heranreifen. Aber auch das gelb-bunte Laub und die violett gestreiften Deckblätter der Kolben wirken sehr dekorativ. Kombinieren Sie Ziermais mit blauen Blüten oder verwenden Sie ihn für Trockensträuße.

Schmuck-Eberesche St
Sorbus decora
Im Gegensatz zur Gemeinen Eberesche erreicht diese Art nur eine Wuchshöhe von 6 bis 8 m. Ihre dunkelgrünen Blätter sind dekorativ gefiedert, die einzelnen Blattfiedern stark gesägt. Im Frühsommer erscheinen cremeweiße Blütendolden. Im September schmückt sich der Baum mit dichten Trauben leuchtend roter Beeren, über dem orangegelben Herbstlaub ein ungemein attraktiver Anblick.

Artischocke M
Cynara scolymus
Eigentlich eine Gemüsepflanze, liefert die Artischocke auch durchaus brauchbares Material für die Vase. Die ornamentalen graugrünen Blätter passen z. B. sehr schön zu großen, bunten Sträußen aus dem Bauerngarten, und wer auf die delikaten Böden der Knospen verzichtet, kann etwas später imposante Distelblüten schneiden.

Hornmohn E
Glaucium flavum
Eine einjährige Sommerblume mit silbrigen, tief geteilten Blättern und ockergelben Blüten von Juni bis August, aus denen sich die typischen hornförmig gebogenen Samenkapseln bilden. Pflanzen Sie Hornmohn in sandige Erde in die volle Sonne.

Geranien/Pelargonien E
Pelargonium
Schon immer waren Pelargonien nicht nur wegen ihrer Blüten, sondern auch wegen ihres muschelförmigen, schön gezeichneten Laubes begehrt. Besonders auffallendes gelb-rot-grünes Blattwerk ziert z. B. die Sorte 'Henry Cox' (Abb.), andere bemerkenswerte Sorten sind 'Caroline Schmidt', 'A happy Thought' und die Miniatur-Hybride 'Red Black Vesuvius'. ►

Eselsohren/Wollziert M
Stachys lanata
Die weich behaarte Oberfläche und die ovale Form der Blätter gaben dieser Staude ihren volkstümlichen Namen. Kommen sie allerdings mit Wasser in Berührung werden sie augenblicklich schlaff und unansehnlich. Im Sommer erscheinen kleine, hellpurpurne Blütenkerzen. Kombinieren Sie Blätter des Eselsohrs z. B. mit Duftwicken, weißen Rosen und Rosmarinzweigen. ▼

Japanischer Ahorn St
Acer japonicum
Die Blätter dieses langsam wachsenden, sommergrünen Strauches oder kleinen Baumes nehmen im Herbst eine fantastische feuerrote Färbung an. Einzelne Blätter wirken wunderschön in reingelben Herbststräußen z. B. aus Chrysanthemen. Andere attraktive Ahorne sind *A. japonicum* 'Aureum' und *A. palmatum*. ▼

Efeu
Hedera
H. helix ist eine bekannte, winterharte Kletterpflanze, die ganze Wände mit ihren glänzenden, immergrünen Blättern einhüllt. Verwenden Sie Efeuranken möglichst ihrem natürlichen Wuchs entsprechend und nicht senkrecht in Zweige geflochten, wie man es immer wieder sehen kann. Außer grünblättrigen Typen mit sehr unterschiedlichen Blattformen gibt es etliche panaschierte Sorten mit weiß-, gelb- oder rosa-buntem Laub.

Neuseeländischer Flachs ▲
Phormium tenax
Eine exotisch wirkende Kübelpflanze mit bis zu 1,5 m langen, schwertförmigen Blättern. Neben der grünen Wildform gibt es zwei Sorten, die besondere Aufmerksamkeit verdienen: 'Purpureum' mit bronzefarbenen, purpurn gestreiften Blättern und 'Variegatum' mit grünen, braunen und cremeweißen Streifen.

Stranddistel M
Eryngium maritimum
Diese Pflanze mit den silbergrauen oder bläulichen Blättern kann man leicht aus Samen heranziehen. Die blauen Blütenköpfe mit der spitzenartigen Manschette halten wochenlang. Schöne Kombinationen ergeben sich mit gelben Blumen, beispielsweise Chrysanthemen. Zu empfehlen ist auch *E. alpinum*.

Greiskraut E
Senecio bicolor
Eine beliebte kompakte Beeteinfassungspflanze mit silbrigweißem, farnartigem Blattwerk. In der Regel wird sie einjährig gezogen, obwohl sie etwas Frost verträgt. Besonders effektvoll wirkt das Greiskraut mit weißen oder cremegelben Blüten, z. B. des Heiligenkrauts.

Zierspargel E
Asparagus asparagoides
Diese früher häufig angebaute Pflanze liefert feines, farnartiges Schnittgrün und kann im Gewächshaus ohne große Mühe aus Samen herangezogen werden. Setzen Sie die Jungpflanzen in Töpfe und versenken Sie diese an einem halbschattigen Standort, zum Beispiel an der Rückwand des Gewächshauses in den Boden. Regelmäßig düngen und gut feuchthalten.

Perückenstrauch St ▲
Cotinus
Der Name bezieht sich auf die fein verzweigten, aufgeplusterten Blütenstände dieses Strauches. *C. americanus* ist ein kleiner, sommergrüner Baum von etwa 5 m Höhe, der durch seine brillante Herbstfärbung ins Auge fällt. Weit wertvoller als diese Art ist jedoch der rote Perückenstrauch, *C. coggygria* 'Royal Purple' (Abb.). An jungen Trieben prägt sich das Purpur der Blätter besonders intensiv aus; erfahrene Floristen schneiden ihn deshalb jeden Winter kräftig zurück.

Thymian
Thymus
Siehe Seite 169

Kranzspiere St
Stephanandra
Ein eleganter Strauch mit hellgrünen, dreieckigen, scharf gesägten Blättern, die sich im Herbst goldgelb verfärben. *S. incisa* ist die gebräuchlichste Form.

Schneeball
Viburnum
Unter diesen vielseitigen Sträuchern gibt es nicht nur Arten mit schönen und duftenden Blüten, sondern auch mit zierendem Blattwerk. Das wertvollste Schnittgrün liefern die immergrünen Arten, allen voran *V. davidii* (Abb.). Er wächst weit ausgebreitet und bringt neben ledrigen Blättern mit deutlich hervortretenden Blattnerven flache, weiße Blütendolden und prächtige dunkelblaue Beeren hervor (letztere nur, wenn neben einer weiblichen auch eine männliche Pflanze vorhanden ist). Der Reiz der sommergrünen Schneeballarten liegt in ihrer großartigen Herbstfärbung und in dem auffälligen Fruchtschmuck. ▼

Zierwein ▲
Vitis
Wüchsige, sonnige Standorte liebende Kletterpflanzen mit einfachen, gesägten oder gelappten großen Blättern. *V. coignetiae* besitzt üppiges, gelapptes Laub mit weinroter, orangeroter und rosafarbener Herbsttönung. *V. riparia*, eine eher seltene Art, verfärbt sich kupferrot, wobei die Blattnerven aber grün bleiben. *V. vinifera* 'Brandt' (Abb.), eine Form der Weinrebe, zeigt im Herbst einen weinroten Schimmer. Kombinieren Sie *Vitis* mit den mahagonibraunen oder pflaumenfarbigen Blättern der Buntnessel in einer flachen Schale. Die Wirkung ist verblüffend.

Wilder Wein
Parthenocissus
Diese fleißige selbstklimmende Kletterpflanze mit der glühend roten Herbstfärbung erfreut sich in der letzten Zeit wieder großer Beliebtheit. In zwanglosen Arrangements aus Gräsern und Samenständen sorgen einige locker dazwischen gesteckte Ranken für Abwechslung und Farbe, während einzelne Blätter flach in Tischdekorationen gesteckt werden können. Empfehlenswerte Arten: *P. tricuspidata, P. quinquefolia.* ▶

Weigelie St
Weigela
Die purpurnen und bronzefarbenen Blätter von *W. florida* 'Purpurea' können bis zum Laubfall im Herbst gepflückt werden. Im Frühsommer erscheinen an den Zweigen büschelweise rosarote Trichterblüten. Sehr schön harmoniert diese Weigelie mit blaugrauen Blättern, wie sie z. B. *Ruta graveolens* (S. 169) aufweist.

Mehlbeere ▶
Sorbus aria
Ein sommergrüner Baum mit einfachen, oberseits grünen, unterseits grauen Blättern, die sich im Herbst goldgelb färben. Vom Spätsommer an zeigen sich leuchtend rote Beerenfrüchte. Die Blüten im späten Frühjahr sind klein und weiß. Mehlbeeren lieben kalkhaltige Böden.

Weide ▲
Salix alba
Ein großer Baum mit überhängenden Zweigen und schmalen, unterseits silbrig schimmernden Blättern. Im Frühjahr liefert er reizvolle gelbe Ruten mit frischgrünen Blättern. *S. alba* 'Chermesina' hat leuchtend orangerote Triebe. *S. alba* 'Tristis', die Trauerweide, eignet sich für den heutigen durchschnittlichen Garten kaum noch. Hier sollte man wieder auf die früher üblichere kleinere *S. babylonica* zurückgreifen.

Zaubernuß St
Hamamelis
Langsam wachsende, sommergrüne Sträucher oder kleine Bäume mit fantastischer Herbstfärbung und sehr frühen, oft duftenden Blüten. *H. mollis* (Abb.) zaubert schon im Januar an bizarren Zweigen kleine, gelbe Blüten hervor, die wie ein Schwarm winziger Schmetterlinge Leben und Farbe in den winterlichen Garten bringen. Andere empfehlenswerte Formen der Zaubernuß sind *H. japonica* sowie die meist großblütigeren Gartenhybriden. ▼

BEEREN UND FRÜCHTE

Herbstlicher Zimmerschmuck läßt sich durch die nun zur Verfügung stehenden beerentragenden Zweige und Samenstände verschiedenster Art abwechslungsreich gestalten. Die Stechpalme mit ihren roten Beeren und die Mistel sind seit jeher Bestandteile jeder festlichen Herbst- oder Winterdekoration. Ebenso vertraut sind die kleinen, schwarzen Früchte der im Frühjahr rosarot blühenden Blutjohannisbeere. Hagebutten, die dekorativen Früchte der Rose, kennt schon jedes Kind. Arrangieren Sie diese und weniger bekannte Früchte mit kupferbraunem und goldgelbem Herbstlaub. Man kann die Beeren an den Zweigen belassen oder sie ablösen und in schöne kleine Gefäße füllen. Beerengeschmückte Zweige halten lange und beleben Wintersträuße aus Immergrünen. Blutjohannisbeere und Holunder steuern schwarze Beeren bei, eine Farbe, die man normalerweise unter den Blumen nicht findet und deshalb großzügig verwenden sollte. Das gleiche gilt für reinweiße Früchte, z. B. die Schneebeere.

Feuerdorn ▲
Pyracantha
P. coccinea hat weißdornähnliche, cremefarbene Blüten, aus denen sich zum Herbst hin orangerote Beeren entwickeln. Feuerdorn kann bis zu 4 m hoch werden, als Kletterpflanze vor einer Wand gezogen noch höher.

Berberitze St
Berberis
B. darwinii (Abb.) ist eine seltene, wertvolle immergrüne Art mit glänzenden, ilexähnlichen Blättern, gelben Blüten im Frühling und blau bereiften Beeren im Herbst. *B. thunbergii*, die gebräuchlichste Art, trägt leuchtend rote Beeren und weist eine attraktive Herbstfärbung auf. Weitere empfehlenswerte Arten: *B. × stenophylla, B. wilsoniae.*

Aukube
Aukuba
Die lang haltenden, roten, wachsartigen Früchte dieser dekorativen Blattschmuckpflanze erscheinen nur, wenn männliche und weibliche Exemplare zusammenstehen. ▼

Stechpalme
Ilex aquifolium
Bekannt sind im allgemeinen die Sorten mit roten Beeren. Es gibt aber auch gelb- und schwarzfrüchtige Stechpalmen.

Wacholder St
Juniperus
Die blauschwarzen, aromatischen Beeren von *J. communis* wirken wunderschön über den blaugrün benadelten Zweigen. Man kann sie zunächst für den herbstlichen Raumschmuck und später in der Küche verwenden. ▼

Mistel
Viscum album
Dieses eigenartige immergrüne Gewächs lebt als Schmarotzer auf den Zweigen großer Bäume. Jede der milchig weißen Beeren enthält einen Samen.

Torfmyrthe St ▲
Pernettya mucronata
Die fleischigen Früchte sind weiß (Sorte 'Alba'), rosa, rot oder purpurn und haben Durchmesser bis zu 1,25 cm. Meist sitzen sie in ganzen Trauben an den Spitzen der Triebe. Sie bilden sich jedoch nur, wenn neben weiblichen Pflanzen mindestens ein männliches Exemplar vorhanden ist.

Kermesbeere M
Pytolacca
Vorsicht! Die schwarzen Beeren dieser großen Staude sind giftig.

Hagebutten St
Rosa
Eine der besten Hagebuttenträger ist *R. rugosa*. Die Früchte sind fast so groß wie Cocktailtomaten. ▼

Felsenmispel St ▲
Cotoneaster
Die meisten *Cotoneaster*-Arten tragen rote Beeren. Bei *C. horizontalis* sitzen sie wie Perlen aufgereiht an den typisch fischgrätartig ausgebreiteten Zweigen. Die größten Beeren besitzt *C. cornubia*.

Seidelbast
Daphne
Siehe Seite 166

Holunder
Sambucus
Den großen, duftenden, weißen Blütendolden von *S. nigra* im Juni folgen im Spätsommer üppige Büschel kleiner, schwarzer Beeren. Schmücken Sie damit flache Schalen oder lassen Sie die Trauben elegant über den Rand schöner Gefäße oder Körbe hängen.

Dorn
Crataegus
Aus den weißen, rosafarbenen und roten Blütenbüscheln im Frühjahr entwickeln sich die typischen orangefarbenen Mehlbeeren. *C. prunifolia* zeichnet sich darüber hinaus durch eine schöne Herbstfärbung aus. Ebenfalls zu empfehlen: *C. laevigata* (Abb.). ▶

Skimmie St ▲
Skimmia japonica
Die roten Beeren dieses ca. 1 m hohen Strauches halten den ganzen Winter hindurch. Wie bei Ilex sind für den Fruchtansatz weibliche und männliche Pflanzen erforderlich. Sehr schön ist auch das dunkelgrüne Laub.

FARNE UND GRÄSER

Schneebeere St ►
Symphoricarpus
Über einem Gewirr von dunklen Zweigen erscheinen im Herbst elfenbeinfarbene, beinahe kirschgroße Beeren. Ein sehr dankbares Schnittgehölz.

Die Gewohnheit, Farnwedel mit Schnittblumen zu arrangieren, ist inzwischen etwas aus der Mode gekommen – ähnlich wie die Schusterpalme oder die Damaszenerrose, die im letzten Jahrhundert in den Haushalten so beliebt waren. Schade eigentlich, denn Farne liefern hübsches Blattwerk in vielen Formen und Größen und gedeihen je nach Art draußen im Garten oder im feuchtwarmen Badezimmer. Mit etwas Geschick kann man sie aus Sporen heranziehen, bis zur Keimung vergehen aber mitunter bis zu sechs Monaten. Man sät in feuchten Torf und deckt die Saatschale mit Glas ab. Einmal zu kleinen Pflanzen herangewachsen, stellen sie kaum noch Ansprüche. Der Frauenhaarfarn *(Adiantum pedatum)*, der olivgrüne Wurmfarn *(Dryopteris filixmas)* und der langwedelige Saumfarn *(Pteris cretica)* sind besonders attraktiv. Ebenfalls erwähnenswert sind der Nestfarn *(Asplenium nidis)* und der Adlerfarn *(Pteridium argyraea)*, bei dem jeder Wedel silbrig behaart und hellgrün gerandet ist. Farne fügen sich durch ihre elegante Form wie von selbst in Blumengebinde ein. Außerordentliche Effekte erzielt man mit ihnen in einfarbig grünen Arrangements, z. B. mit Blättern von *Pittosporum* und Blüten des Salomonssiegels.

Erdbeerbaum St ►
Abutus unedo
Dieser zauberhafte Strauch bringt im Herbst gleichzeitig erdbeerartige Früchte und weiße Blüten hervor. Leider ist er bei uns nur als Kübelpflanze zu halten.

Apfel
Malus
Zieräpfel sind sommergrüne Bäume mit gelben, rötlich überlaufenen Früchten, die die Zweige noch schmücken, wenn das Laub schon lange abgefallen ist. Kombinieren Sie die Zweige des Zierapfels mit Hagebutten, Mehlbeeren und anderen Früchten, die es zu dieser Zeit im Garten gibt.

◄ **Eibe** St
Taxus baccata
Die roten, fleischigen, giftigen Beeren bilden einen wunderschönen Kontrast zu den dunklen, immergrünen Nadeln.

In Mischungen angebotene Samen von Ziergräsern keimen in der Regel innerhalb von drei Wochen. Es gibt eine enorm große Auswahl an Arten und Sorten. Zu den dankbarsten gehören *Helictotrichon sempervirens*, der Blaustrahlhafer, *Eriophorum latifolium*, das Wollgras, *Phalaris arundinacea* 'Picta', das Glanzgras oder das bekannte und beliebte Pampasgras, *Cortaderia selloana* (alle abgebildet). Ebenfalls zu empfehlen sind das Straußgras *(Agrostis)* mit elegant nickenden Blüten und die Hiobsträne *(Coix lacryma-jobi)* mit perlenartigen Samen an gebogenen Halmen. Das Liebesgras *(Eragrostis elegans)* wirkt am apartesten in Gemeinschaft mit Wicken. Weitere Gräser mit attraktiver Wuchsform und Farbe sind: das Schillergras *(Koeleria glauca)* mit breiten, blauen Halmen, *Panicum virgatum* 'Rehbraun', die Rutenhirse mit rotbraunen Blättern, das Fuchsschwanzgras *(Alopecurus pratensis)* und das dem Weizen ähnliche *Triticum*. Wirkungsvoller Begleiter für alle Gräser ist der Bambus.

DAS ANSCHNEIDEN UND PRÄPARIEREN

Um die Lebensdauer von Schnittblumen zu verlängern, lohnt es sich, sie vor dem Aufstellen zu präparieren. Wenn man eine Blume pflückt, bildet sich über dem abgeschnittenen Ende schnell eine Rinde, aber es gibt verschiedene Möglichkeiten, diesen Prozeß zu verlangsamen und dafür zu sorgen, daß auch später noch genügend Feuchtigkeit die Blüten erreicht.

Schneiden Sie Blumen entweder frühmorgens, wenn ihr Wassergehalt am höchsten ist und die Sonne ihre Kraft noch nicht aufgezehrt hat, oder am Abend. Nehmen Sie die schönsten Blüten, aber wählen Sie sie mit Bedacht, damit Sie nicht den Gesamteindruck der blühenden Pflanze zerstören. Schneiden Sie die Blüten im spitzen Winkel direkt oberhalb einer Achselknospe (dem Punkt, wo ein Blatt vom Stiel abzweigt) ab; das fördert das Wachstum neuer Triebe. Ein schräger Schnitt ist deshalb günstiger als der gerade, weil auf diese Weise mehr wasserführende Pflanzenzellen das Wasser aus dem Behälter aufnehmen können. Stellen Sie die abgeschnittenen Blumen sofort in einen Eimer Wasser. Das Wasser sollte bis zu den Blüten hochreichen und lauwarm sein. Lassen Sie die Blumen dann bis zu 12 Stunden im Wasser.

Auch gekaufte Blumen profitieren von einer Spezialbehandlung. Stellen Sie sie bis zum Hals in wärmeres Wasser (bis zu 43° Celsius). Das frischt welke Blüten wieder auf. Lassen Sie sie 6–8 Stunden im Wasser, bevor Sie sie arrangieren.

Nachdem Sie die Schnittblumen in einer Vase oder Schale angeordnet haben, hängen ihre weitere Lebensdauer und ihr Aussehen davon ab, daß Sie immer wieder frisches Wasser nachgießen. Kontrollieren Sie den Wasserstand regelmäßig. Sie können auch vom unteren Teil der Stiele die Blätter entfernen: das unterstützt die Wasserabsorption. Manche Leute versuchen, das Wasser mit im Handel erhältlichen Präparaten frisch zu halten, andere schwören auf eigene Rezepte: Holzkohle, Kupfermünzen, Aspirin, Limonade oder Essig sollen verhindern, daß das Wasser muffig wird.

Hitze und Licht beschleunigen den Feuchtigkeitsverlust der Pflanze. In einem überheizten Raum oder auf einer Fensterbank in der Mittagssonne trocknen Blumen buchstäblich aus. Zugluft hat dieselbe katastrophale Wirkung. Um solche Probleme zu vermeiden, müssen Sie eventuell die Temperatur senken und die Luftfeuchtigkeit erhöhen. Eine sanfte Dusche aus dem Zerstäuber kann den Wasserverlust ausgleichen, aber manchen Pflanzen (darunter Ziest, Orchideen, Lilien, Schleierkraut und Wikken) schaden Wassertropfen auf den Blütenblättern.

Einige blühende Gewächse nehmen Feuchtigkeit zum Teil über die Blütenblätter auf – zum Beispiel Begonien, Gardenien, Veilchen und Magnolien. Tauchen sie diese Blüten ein paar Minuten lang ganz in kaltes Wasser.

Alles weitere hängt davon ab, wie der Stiel der Pflanze beschaffen ist. Gewächse mit holzigen Stielen, zu denen Bäume und Sträucher gehören, haben es schwerer, die Nahrung zu Blättern und Blüten zu transportieren. Buche, Hartriegel, Eukalyptus, Obstbäume, Ahorn, Vogelbeere, Lorbeer, Weigelie, Spierstrauch, Forsythie und Geißblatt fallen in diese Kategorie. Für sie ist es wichtig, daß mehr wasserführende Zellen freiliegen als bei einem normalen, schrägen Schnitt. Zerdrücken Sie deswegen mit einem Hammer das untere Ende des Stiels, damit die Fasern dort mehr Wasser absorbieren können. In Glasgefäßen sehen derart zerquetschte Stiele jedoch häßlich aus, deshalb kann man als Alternative auch mit einem scharfen Messer den Stiel von unten her mehrere Male bis zu 5 cm hoch einschneiden.

Mimosen brauchen eine Sonderbehandlung. Schneiden Sie die Stiele ein, hüllen Sie die Blätter in eine Plastiktüte, und stellen Sie sie dann in kochendes Wasser. Lassen Sie das Wasser abkühlen, bevor Sie die Plastiktüte entfernen und die Mimosen arrangieren.

Faserige Stiele haben keine Rinde, sie müssen ebenfalls eingeschnitten und eine Zeitlang gewässert werden. In diese Kategorie gehören Chrysanthemen,

Blumen, die man als Knospen pflückt, haben drinnen eine längere Lebensdauer. Es ist immer eine Freude zu sehen, wie sie sich allmählich öffnen, bis sie sich schließlich zu voller Blüte entwickelt haben. Hier habe ich *Lilium longiflorum*, Rosen und *Eustoma* zusammen mit Bambus in zwei flachen Glasschüsseln und zwei kleinen Gläsern arrangiert. Sind die Blüten noch fast geschlossen, so dominiert das Blattwerk, obwohl auch das zarte Grün der Lilienknospen und die vier eben aufbrechenden Rosenblüten deutlich zur Geltung kommen. Je weiter sich die Blumen öffnen (rechts), **desto mehr überschatten sie die Feinheit des Bambus. Jetzt ist die Farbe wichtiger als die Form, und die Stimmung, die über dem Ganzen liegt, hat sich von fernöstlich zu sommerlich gewandelt.**

Astern und Margeriten. Zupfen Sie alle Blätter unterhalb des Wasserspiegels ab.

Bei Rosen fördern Sie die Flüssigkeitsaufnahme, wenn Sie die Dornen entfernen; sie sind außerdem auch unansehnlich. Heliotrop, Nieswurz, Ziertabak *(Nicotiana)* und Clematis haben eine längere Lebensdauer, wenn Sie die Stiele ein paar Sekunden lang in eine Kerzenflamme halten, um die Enden zu versiegeln.

Manche Pflanzen wie Wolfsmilch und Mohn produzieren einen milchigen Ausfluß, der die wasserführenden Zellen drastisch blockieren kann. Für diese Blumen bietet sich eine Behandlung mit heißem Wasser an, besonders wenn die Knospen noch nicht aufgeblüht sind. Stellen Sie die Stiele zehn Minuten lang in 5 cm hohes kochendes Wasser, wobei Sie die Knospen vor dem Dampf schützen müssen. Lassen Sie sie anschließend mehrere Stunden in lauwarmem Wasser stehen. Wenn die Stiele schlapp sind und die Blüten herunterhängen, wickeln sie jeden Stengel einzeln in Zeitungspapier, bevor Sie die Blumen wässern. Das ist auch eine gute Methode für Tulpen.

Fleischige, weiche Stengel, die bei den meisten Zwiebel- und Knollengewächsen zu finden sind (zum Beispiel Anemonen, Traubenhyazinthen, Maiglöckchen, Blaustern, Narzissen, Jonquillen, Gladiolen und Iris) müssen schräg abgeschnitten und in *kaltes* Wasser gestellt werden. Zwiebelblumen nehmen Flüssigkeit nur durch den grünen Teil ihrer Stiele auf, deshalb entfernen Sie den weißen, unteren Teil.

Floristen präparieren die hohlen Stengel von Dahlien, Rittersporn und Lupinen, indem sie sie umdrehen, mit Wasser füllen und das Ende mit einem Wattepfropfen verschließen. Dieser Pfropfen absorbiert dann mehr Wasser, als verbraucht wird.

Farne sowie Efeu, Zierkohl, Wein und Buntwurz sollten Sie bis zu vier Stunden lang ganz in kaltes Wasser tauchen, damit sie schöner aussehen.

AUSSERHALB DER SAISON

In der Wohnung können Pflanzen künstlich zum Reifen gebracht werden, so daß sie Wochen, ja manchmal Monate vor der Zeit Blüten und Blätter produzieren. Die dazu erforderlichen Techniken sind nicht kompliziert, und es lohnt sich, sie zu lernen, damit man auch außerhalb der Saison das Haus mit Pflanzen schmücken kann.

Bäume und Sträucher

Um die öden Wintermonate aufzuheitern, kann man bei Bäumen und Sträuchern das Wachstum von Blüten, Blättern und Kätzchen auch etwas beschleunigen. Bis zu zwei Monate vor ihrer Zeit lassen sich die duftende Zaubernuß, seidige Weidenkätzchen, goldene Forsythien und manche Obstbaumarten zum Blühen bringen. Die blühende Johannisbeere *(Ribes sanguineum)* wird durch das Antreiben sogar schöner. In natürlichem Zustand bekommen die wuchernden Hecken nur ziemlich unscheinbare rosa Blüten; schneidet man die Zweige dagegen ab und läßt sie drinnen reifen, so sind die Blüten, die dann im Spätwinter zum Vorschein kommen, „von so reinem Weiß wie bei einem Kirschenzweig", wie Vita Sackville-West sagte.

Zum Antreiben muß man die Zweige abschneiden, wenn die Knospen eben zu schwellen anfangen; das ist bei einigen Spezies, wie etwa Weidenkätzchen und Forsythien, schon um die Mitte des Winters der Fall. Der richtige Zeitpunkt ist entscheidend; wählt man ihn zu früh, fallen die Knospen ab. Nach dem Abschneiden muß die Rinde unten am Stiel 7,5 cm weit abgekratzt und das Ende dann eingeschnitten werden. Anschließend die Zweige 24 Stunden lang ganz in lauwarmes Wasser legen, danach einen tiefen Behälter mit kühlem Wasser füllen, die Zweige hineinstellen und das Gefäß an einen warmen Platz im Halbschatten tragen, wo keine Zugluft herrscht und die Pflanzen fünf bis sechs Wochen bis zum Blühen stehenbleiben. Die Zweige sollten jeden Tag befeuchtet werden. Wechseln Sie das Wasser wöchentlich, um die Sauerstoffversorgung zu fördern, und kürzen Sie die Stiele gleichzeitig um jeweils 2,5 cm. Wenn sich die Knospen verfärben und so aussehen, als ob sie sich bald öffnen wollten, bringen Sie sie an einen sonnigen Ort und arrangieren sie dort in einem passenden Behälter. Gehen die Blüten nur zögernd auf, so können Sie mit warmem Wasser nachhelfen.

Auch Laub kann man antreiben – zum Beispiel das von Vogelbeere, Buche und japanischem Ahorn. Manche Sträucher bekommen nach dem Anschneiden schnell wieder neue Zweige, andere dagegen, wie etwa die Zaubernuß, brauchen Jahre dafür.

Zwiebeln antreiben

Wenn die Bäume in herbstlichen Farben prangen, sind die Blumenzwiebeln schon dabei, ihren eigenen Auftritt vorzubereiten, indem sie Wurzeln schlagen, aus denen sie die Kraft für die gewaltige Anstrengung des Blühens schöpfen, die sie im Frühjahr benötigen. So lange muß man jedoch nicht unbedingt warten, denn Zwiebeln lassen sich leicht antreiben. Schon Mitte des Winters, wenn es sonst nur wenige Blumen gibt, bringen sie dann leuchtende Farbtupfer hervor.

Zum Antreiben muß man speziell präparierte Zwiebeln kaufen. Am einfachsten ist es mit Amaryllis, Narzissen und Hyazinthen, die im Handel als vorgekühlte Zwiebeln erhältlich sind. Die Amaryllis blüht jedes Jahr wieder, wenn Sie sie den Sommer über auf einer Fensterbank oder in einem halbschattigen Teil des Gartens ständig feucht halten. Narzissenzwiebeln lassen sich nur einmal verwenden. Hyazinthen kann man ebenfalls in den Garten umpflanzen, aber nicht wieder antreiben.

Fast alle anderen Blumenzwiebeln muß man im Garten vorkühlen, bevor man sie zum Antreiben nach drinnen bringt. Pflanzen Sie sie in mit fertig gekauftem Substrat gefüllte Töpfe oder Kästen; wenn sie sehr groß sind, sollten die Spitzen gerade noch zu sehen sein. Gründlich wässern. Eine Schicht Kieselsteine auf dem Boden des Gefäßes hält die Zwiebeln oberhalb der Wasserlinie und verhindert, daß sie verfaulen. Stellen Sie die Kästen oder Töpfe in einen Frühbeetkasten oder eine flache Grube oder auch in eine Packkiste an einen geschützten Ort (wie etwa einen Geräteschuppen), und bedecken Sie sie mit Blättern. Die Temperatur sollte etwa 5° Celsius betragen, aber auch gelegentlicher Frost schadet nicht. Die Zwiebeln brauchen vier bis acht Wochen, um Wurzeln zu schlagen. Dies können Sie kontrollieren, indem Sie einen Topf herausnehmen und unten die Erde abklopfen. Wenn die Wurzeln voll entwickelt sind oder wenn sich Sprößlinge gebildet haben, die schon 2,5 cm hoch über den Topfrand hinauswachsen, tragen Sie die Pflanze in einen kühlen Raum in der Wohnung und steigern dort allmählich die Lichtzufuhr. Wenn Sie keinen Garten besitzen, können Sie die Töpfe auch in das Gemüsefach eines Kühlschranks stellen, bis die Zwiebeln Wurzeln geschlagen haben.

Wenn die Zwiebeln so aussehen, als würden sie sich in Kürze öffnen, können Sie sie an den Ort bringen, wo sie blühen sollen. Die Pflanzen müssen von jetzt an viel Licht haben, und der Kompost sollte konstant feucht gehalten werden. Sie können sie natürlich auch in andere Gefäße umsetzen – entweder in Glaszylinder oder in dekorative, mit grauem oder grünem Moos oder Kies gefüllte Schalen.

Kleine Blumenzwiebeln wie Krokus, Schneeglöckchen, Traubenhyazinthen, Blaustern oder Milchstern sind ganz einfach anzutreiben. Auch Tulpen lassen sich antreiben, aber die Temperatur muß sorgfältig kontrolliert werden.

ERKLÄRUNG DER FACHBEGRIFFE

(Stichwörter in großen Lettern verweisen auf weitere Artikel)

Ähre Ein unverzweigter verlängerter Blütenstand mit mehreren ungestielten Einzelblüten. Die unteren Blüten öffnen sich zuerst.

Antreiben Das Beschleunigen des Wachstums einer Pflanze, üblicherweise durch Erhöhung der Temperatur.

Art Eine Gruppe von Pflanzen mit überwiegend gemeinsamen Merkmalen. Sie lassen sich miteinander kreuzen und fallen echt aus Samen. Einzelheiten, wie die Farbe der Blüten oder die Form der Blätter, können sich eventuell unterscheiden. Jede Art hat einen zweiteiligen lateinischen bzw. botanischen Namen, z. B. *Viola biflora*, wobei *Viola* der Name der GATTUNG ist und *biflora* die Bezeichnung der Art. Pflanzen mit bestimmten, beständigen äußerlichen Abweichungen bezeichnet man als Unterart oder Varietät.

Beetblumen EINJÄHRIGE oder ZWEIJÄHRIGE Pflanzen, die nur für eine Saison auf ein Beet gesetzt werden, im Gegensatz zu den Rabattenstauden, die jahrelang an ihrem Platz bleiben.

Befruchtung Die Verschmelzung von männlichen und weiblichen Fortpflanzungszellen. Wenn Pollen und Fruchtknoten sich an einer Pflanze befinden, ist Selbstbefruchtung möglich, andernfalls findet eine Fremdbefruchtung statt.

Blattachsel Der Winkel oder die Verbindung zwischen Stiel und Blatt. Die Knospe in der Blattachsel bezeichnet man als „Auge".

Blütenstand Die Anordnung der Blüten auf dem Stiel.

Brakteen (Hochblätter) Blätter oder blattähnliche Gebilde, welche die heranwachsende Knospe schützen. Sie sitzen unterhalb der Blüte oder sind, wie bei den Korbblütlern, selbst Teil des Blütenkopfes. Manchmal sind sie groß und auffällig gefärbt und übernehmen die Funktion der in diesem Fall meist unscheinbaren echten Blütenblätter.

Dolde Ein Blütenstand, bei dem nach dem Prinzip des Fallschirms mehrere gestielte Blüten von einem Punkt ausgehen.

Einjährige Pflanzen, deren Lebensdauer von der Keimung über die Blüte bis zum Absterben nur ein Jahr oder weniger beträgt.

Familie Eine Gruppe mehrerer GATTUNGEN mit einigen grundlegenden Gemeinsamkeiten, z. B. gleichem Blütenaufbau. Die meisten Familienbezeichnungen enden auf die Silbe -aceae, es gibt aber auch einige Ausnahmen, z. B. Compositae (Korbblütler) und Graminae (Gräser).

Farn Eine blütenlose Pflanze; sie vermehrt sich durch Sporen, die sich an der Unterseite der Blattwedel bilden.

Fingerförmig Bezeichnung für Blätter mit der Form einer geöffneten Hand.

Floribunda Wörtlich übersetzt bedeutet der Ausdruck „vielblütig". Floribundarosen sind moderne, eng mit der Teehybride verwandte Züchtungen mit üppigen, aus mehreren Einzelrosen zusammengesetzten Blütendolden.

Gattung Eine Gruppe von Pflanzenarten, die auf einen gemeinsamen Vorfahren zurückgehen und entsprechend viele gemeinsame Merkmale aufweisen. Jede Gattung besteht aus einer oder mehreren ARTEN und wird durch den ersten Teil des lateinischen Pflanzennamens ausgedrückt.

Gefüllte Blüten Blüten mit einer erhöhten Anzahl von Blütenblättern. Ein Teil der Fortpflanzungsorgane – Stempel oder Staubblätter – werden hier in Blütenblätter umgewandelt.

Grundblätter Die untersten Blätter einer Pflanze, die am oder dicht am Boden sitzen und sich von der Form her oft vom übrigen Laub unterscheiden.

Halbgefüllt In der Botanik Bezeichnung für Blüten mit erweiterter Blütenblattzahl, die aber nicht voll gefüllt sind.

Hüllblatt (Spatha) Ein umgewandeltes Laubblatt, das häufig einen KOLBEN umgibt. Beispiel: die Familie der Aronstabgewächse.

Hybride Eine Pflanze, die aus der Kreuzung von zwei verschiedenen Arten, rein aus Samen fallenden Varietäten oder Gattungen hervorgegangen ist. Hybriden sind manchmal steril und fallen niemals echt aus Samen. Sie sind durch ein × gekennzeichnet, z. B. *Chaenomeles × superba*.

Kätzchen Eine dichte Ähre blütenblattloser, normalerweise eingeschlechtiger Blüten, die oft, aber nicht immer, herabhängen und vom Wind bestäubt werden. Männliche und weibliche Kätzchen sehen oft ganz unterschiedlich aus, z. B. bei vielen Weiden *(Salix)*. Hier sind die männlichen, mit gelbem Pollen bedeckten Kätzchen wesentlich hübscher.

Keimung Das Entstehen oder Heranwachsen einer Pflanze aus einem Samen.

Knolle Ein unterirdischer, verdickter Teil der Wurzel oder des Sprosses, in dem die Pflanze Nährstoffe speichert. Im Gegensatz zur ZWIEBEL haben Knollen keine Schuppen, sind jedoch von einer schützenden Haut umgeben. Die bekanntesten Beispiele sind Gladiolen und Krokusse.

Kolben (Spadix) Ein fleischiger, verlängerter Blütenstand mit kleinen, unscheinbaren Blüten, die in kleine Mulden eingebettet sind. Normalerweise ist der Kolben von einem HÜLLBLATT, der sogenannten Spatha, umgeben.

Korbblütler Alle Arten aus der Familie Compositae, einschließlich Zinnien und Chrysanthemen. Die Blüten bestehen aus zahlreichen sterilen ZUNGENBLÜTEN, die im Kreis angeordnet sind.

Kraut Jede nicht verholzende Pflanze. Meist wird der Ausdruck aber in erster Linie für Küchenkräuter verwendet.

Kultivar Kurz für „kultivierte Varietät". Kultivar ist der korrekte Ausdruck für das, was man im allgemeinen als „Varietät" bezeichnet, eine gärtnerisch selektierte Pflanze also.

Öfterblühend Eine für Rosen gebräuchliche Bezeichnung für mehrmals im Jahr blühende Sorten.

Panaschiert Panaschierte Blätter sind weiß, gelb oder rosa marmoriert oder gezeichnet. Ursache für diese farbliche Abweichung ist das Fehlen von Chlorophyll.

Petalen Die inneren Blütenblätter, im Gegensatz zu den äußeren Blütenblättern, den Kelchblättern und sogenannten SEPALEN.

Rhizom Ein verdickter, unterirdischer Sproß mit Wurzeln, Triebknospen und schuppenförmigen Blättchen. Ein Rhizom ist ein Speicherorgan. Stücke davon benutzt man für die vegetative Vermehrung. Eine der bekanntesten Pflanzen mit Rhizomen ist die Bartiris.

Rispe Ein verzweigter Blütenstand mit gestielten Blüten an mehreren Nebenachsen. Der Flieder ist ein bekanntes Beispiel.

Rückschnitt Das Entfernen von Ästen, Zweigen und Wurzeln, speziell bei Bäumen und Sträuchern. Einen Rückschnitt nimmt man vor, um die Wuchsform zu beeinflussen, die Wuchsfreude anzuregen, abgestorbene oder kranke Teile zu beseitigen oder um Anzahl und Qualität von Blüten und Früchten zu erhöhen.

Rückschnitt nach der Blüte Das Entfernen verwelkter Blüten aus ästhetischen Gründen, aber auch um die Pflanze daran zu hindern, ihre ganze Energie in die Ausbildung der Samen zu stecken. Der Rückschnitt nach der Blüte fördert oft, z. B. bei Rhododendron, eine reichere Blüte im folgenden Jahr und regt öfterblühende Rosen und viele krautige Gewächse (besonders Einjahrsblumen) zu verstärkter Blütenbildung an.

Sepalen (Kelchblätter) die äußeren Blätter einer Blüte. Normalerweise sind sie grün und unscheinbar, können aber auch wie PETALEN aussehen (wie z. B. bei der *Clematis*) oder diese ersetzen.

Sommergrün Bezeichnung für Pflanzen, die einmal im Jahr, gewöhnlich im Herbst, die Blätter abwerfen und im Frühjahr neu austreiben.

Staude Krautige, winterharte Pflanzen mit mehrjähriger Lebensdauer.

Stempel Der weibliche Teil der Blüte, bestehend aus Narbe, auf der der Pollen haften bleibt, Griffel, durch den der Pollen hindurchwächst, und Fruchtknoten, in dem die Befruchtung erfolgt.

Steril Der Ausdruck beschreibt eine Pflanze, die keine Samen oder Früchte ansetzt. HYBRIDEN sind z. B. häufig steril.

Sträucher Pflanzen mit verholzenden Ästen und Zweigen, aber ohne Stamm.

Teehybride Die typische moderne Edelrose mit einer Blüte pro Stiel, entstanden aus der chinesischen Teerose.

Teilung Die Trennung horstbildender Stauden in zwei oder mehrere Teile zum Zweck der Vermehrung.

Traube Ein unverzweigter Blütenstand mit zahlreichen langstieligen Einzelblüten. Die Spitze wächst weiter und bringt neue Knospen hervor, während sich die unteren Blüten bereits öffnen.

Winterhart Bezeichnung für ein Gewächs, das im mitteleuropäischen Raum die im Winter üblichen Frostgrade ohne Schutz übersteht.

Zungenblüte Die ansehnlichen, aber sterilen Randblüten der KORBBLÜTLER.

Zweijährige Pflanzen, deren Lebenszyklus zwei Vegetationsperioden umfaßt. Im ersten Jahr bilden sie nur einen Blattschopf, im Jahr darauf blühen sie und bilden Samen, bevor sie absterben.

Zwiebel Ein meist unterirdischer, stark verkürzter Sproß mit verdickten, fleischigen Schuppen, in denen Nährstoffe gespeichert werden. Als Zwiebelblumen bezeichnet man aber in der Regel auch die meisten anderen Pflanzen mit ähnlichen Speicherorganen, z. B. KNOLLEN oder RHIZOMEN.

REGISTER

Die **halbfett** *gedruckten Seitenzahlen verweisen auf Abbildungen*

Abendblume **78, 130, 147**
Abendlevkoje *(Matthiola bicornis)* **168**
Arbutus unedo (Erdbeerbaum) **183**
Acacia dealbata (Mimose) **18, 63, 167**
Acer japonicum (Japanischer Ahorn) **180**
– 'Aureum' 180
– *palmatum* 180
Achillea filipendula (Schafgarbe) **18, 59, 138, 142, 168**
Adiantum pedatum (Frauenhaarfarn) **45, 71,** 183
Adlerfarn *(Pteridium argyraea)* 183
Agapanthus (Schmucklilie) **10, 32, 107, 116, 153, 156**
– 'Headbourne Hybrids' 156
Agrostemma githago (Kornrade) 172
– 'Milas' **172**
Agrostis (Straußgras) 183
Ahorn **120, 128, 138**
Akanthus **10, 30**
Alchemilla mollis (Frauenmantel) **31, 54, 58, 59, 63, 73, 102, 105, 153, 171**
Allium (Blumenlauch) 156
– *christophii* (Sternkugellauch) **156**
– *giganteum* (Riesenblumenlauch) **156**
– *moly* (Goldlauch) **156**
Alopecerus pratensis (Fuchsschwanzgras) 183
Alpenveilchen **138, 142,** 151
Alstroemeria (Inkalilie) **113, 114, 115, 130, 147, 156**
– *aurantica* 156
– 'Ligtu' **156**
Althaearosea (Stockrose) **158**
Amaranthus caudatus 'Viridis' (Fuchsschwanz) **34, 90, 118, 171**
Amaryllis *(Hippeastrum)* **49, 56, 125, 176**
Anemone (Anemone) **12, 63, 64, 81, 97, 98, 103, 105,** 162
– *blanda* 162
– *coronaria* 'Delaen' **162**
– *japonica* **105, 124, 137**
Angelica archangelica (Engelwurz) 170
Anschneiden 184f.
Anthemis tinctoria (Färberkamille) **156**
Antirrhinum majus (Löwenmäulchen) **160**
Apfel *(Malus)* **114, 133, 174,** 183
Apricot 20f.
Aronstab *(Arum)* **170**
Arrangements 72f.
Artemisia abrotanum (Eberraute) **169**
Artischocke *(Cynara scolymus)* **27, 30, 100,** 180
Arum (Aronstab) **170**
Asparagus asparagoides (Zierspargel) 181
Asplenium nidis (Nestfarn) 183
Aster (Aster) **31,** 156
– *alpinus* 156
– *amellus* 156
– *dumosus* 156
– *ericoides* 156
– *novibelgii* (Glattblattaster) **156**
Astrantia (Sterndolde) **26, 54, 159**
– *major* **159**
Aucuba (Aukube) **182**
Aukube *(Aucuba)* **182**
Aurikel *(Primula auricula)* **171**
Azalee *(Rhododendron)* **39, 64, 73,** 114, **115, 174,** 175

Bambus **44, 184**
Bartnelke *(Dianthus barbatus)* 161
Basilikum *(Ocimum basilicum)* 169
Bauerngarten 94f., 156ff.
Bäume 174f.
Becherkätzchen *(Garrya elliptica)* **179**
Beeren 182
Beetnelke **31**
Begonia (Begonie) **142, 176,** 178
– *masoniana* **178**
– *semperflorens* 178
Begonie *(Begonia)* **142, 176, 178**
Behälter 49ff.
–, Anordnung 66f.
Beifuß **42, 46**
Berberis (Berberitze) **77, 95,** 182
– *darwinii* **182**
– *stenophylla* 182
– *thunbergii* 182
– *wilsoniae* 182
Berberitze *(Berberis)* **77, 95, 182**
Bergenie **36, 105**
Betula pendula (Sand-Weißbirke) **178**
Birne **141**
Blätter 92f.
Blattwerk 36ff., 178ff.
Blau 32f.
Blaustern *(Scilla)* **163**
Blaustrahlhafer *(Helictotrichon sempervirens)* **183**
Blumen, duftende 166ff.
Blumenauswahl 154ff.
Blumenlauch *(Allium)* 156
Blumenpflege 154ff.
Blutbuche *(Fagus sylvatica* 'Atropunicea') **178**
Blüten, grüne 170f.
Bocconia **116**
Borago officinalis (Borretsch) **13, 52, 76,** 169
Borretsch *(Borago officinalis)* **13, 52, 76,** 169
Bourbonrosen **165**
Bouvardia 123
Brassica oleracea (Zierkohl) **42, 178**
Brodiaea **32, 54, 67**
Brombeere *(Rubus)* **174**
Bubiköpfchen *(Helxine soleirolii)* **54, 177**
Buche **16, 21, 39, 55, 59, 136**
Buddleia (Schmetterlingsstrauch) **174**
Buntnessel *(Coleus)* **176**
Buntwurz **66, 114, 120**

Caladium *bicolor* (Caladium) **42, 178**
– 'Candidum' 178
– 'Pink cloud' 178
– 'Spotlight' 178
Calendula officinalis (Ringelblume) **159**
Camellia (Kamelie) **176**
– *japonica* 176
– *reticula* 176
– *saluenensis* 176
– × *williamsii* 'Donation' **176**
Campanula medium (Marienglockenblume) **156**
– *trachelium* (Nesselglockenblume) **173**
Cattleya **177**
Ceanothus (Säckelblume) **174**
– 'Gloire de Versailles' 174
Centaurea cyanus (Kornblume) **9, 33, 52, 58, 63, 67, 68, 74, 142, 148, 151, 157**
– *dealbata* 157
– *scabiosa* (Flockenblume) **172**

Chaenomeles (Zierquitte) 175
– *lagenaria* **175**
Cheiranthus (Goldlack) 168
– *cheiri* **168**
China-Rosen *(Rosa chinensis)* **164**
Chincherinchee *(Ornithogalum thyrsoides)* **176**
Choisya ternata (Orangenblume) **55, 167**
Chrysantheme *(Chrysanthemum)* *137,* **148, 176**
Chrysanthemum (Chrysantheme) **137, 148,** 176
– 'Luyona' 176
– 'Marjorie Boden' 176
– 'Mason's Bronce' 176
– 'Parade' **176**
– 'Thora' 176
– 'Tracy Waller' **176**
– *leucanthemum* (Wiesenmargerite) **173**
– *parthenium* (Mutterkraut) **169**
– *segetum* (Saatwucherblume) **172**
Clivia **128**
Coix Lacryma-jobi (Hiobsträne) 183
Coleus (Buntnessel) **176**
– *blumei* 176
Convallaria majalis (Maiglöckchen) **14, 167**
Cornus (Hartriegel) **41, 136,** 178
– *alba* 'Argenteomarginata' 178
– *alba* 'Sibirica' 178
– *florida* 178
– *kousa* 178
– *nutalli* **178**
– *mas* 178
– *stolonifera* 178
Cortaderia selloana (Pampasgras) **183**
Cotinus (Perückenstrauch) **181**
– *americanus* 181
– *coccygria* 'Royal Purple' **181**
Cotoneaster(Felsenmispel) **182**
– *cornubia* 182
– *horizontalis* 182
Crataegus (Dorn) 182
– *laevigata* **182**
– *prunifolia* 182
Creme weiß 16f.
Crocosmia **46**
Crocus (Krokus) 162
– *chrysanthus* **162**
– *imperati* 162
– *sieberi* 162
– *tommasinianus* **162**
– *vernus* 162
Cyclamen hederifolium (Wildalpenveilchen) 157
– *purpurascens* 157
Cymbidium 'Vieux Rose' (Orchidee) **177**
Cynara scolymus (Artischocke) **27, 30, 100,** 180
Cytisus (Ginster) 174
– *scoparius* **174**

Dahlia (Dahlie) **31, 61, 157**
Dahlie *(Dahlia)* **31, 61, 157**
Daphne (Seidelbast) **166**
– × *burkwoodii* 166
– *laureola* 166
– *odoro* 166
Daucus carota (Wilde Möhre) 173
Delphinium (Rittersporn) **9, 10, 12, 13, 32, 33, 55, 56, 58, 59, 80, 98, 99, 113, 114, 115, 147, 152, 157, 158**

– *ajacis* **158**
Deutzia **41**
Dianthus × *allwoodii* (Nelke) **28, 160**
– *barbatus* (Bartnelke) 161
– *caryophyllus* (Gartennelke) **157**
Diascia **105**
Dichelostemma ida-maia (Kalifornisches Feuerwerk) **176**
Digitalis purpurea (Wilder Fingerhut) **26, 158,** 173
Dill *(Peucedanum graveolens)* **41, 169**
Dilldolde **26**
Distel **151**
Dorn *(Crataegus)* **182**
Dreimasterblume *(Tradescantia* × *andersoniana)* **161**
Dryopteris filixmas (Wurmfarn) **183**
Duft 86f.
Duftgeranie *(Pelargonium)* **166**
Duftveilchen *(Viola odorata)* **168**
Duftwicke *(Lathyrus odoratus)* **168**

Eberraute *(Artemisia abrotanum)* **169**
Ecken 188f.
Efeu *(Hedera)* **62, 141,** 180
Ehrenpreis *(Veronica)* 161
Eibe *(Taxus baccata)* **23, 183**
Eiche **51, 120, 148, 150**
Einleitung 6
Elaeagnus pungens (Ölweide) 178
– 'Dicksonii' 178
– 'Maculata' **178**
Engelwurz *(Angelica archangelica)* **170**
Englische Iris *(Iris xiphoides)* 177
Enkianthus (Prachtglocke) 179
Enzian **64, 77, 97**
Eragrostis elegans (Liebesgras) 183
Eremurus **116**
Erdbeerbaum *(Arbutus unedo)* **183**
Eriophorum latifolium (Wollgras) **183**
Eryngium (Stranddistel) **118,** 180
– *alpinum* 180
– *maritimum* **63,** 180
Eschscholzia californica (Mohn) **160**
Eselsdistel *(Onopordum)* **178**
Eselsohren *(Stachys lanata)* **180**
Eßzimmer 124ff.
Eucalyptus (Eukalyptus) **42, 46, 63, 179**
– *citriodora* 179
– *coccifera* 179
– *gunnii* **179**
Euonymus (Spindelstrauch, Pfaffenhütchen) 179
– *europaeus* 179
– *japonicus* 'Aureus' **179**
– *oxyphyllus* 179
Eupatorium **137**
– *purpureum* **134**
Euphorbia (Wolfsmilch) 66, **120, 152,** 171
– *characias* ssp. wulfenii **171**
– *myrsinites* **171**
– *polychroma* **51,** 171
– *robbiae* **13, 14, 50, 51, 76, 78, 138**
– *wulfenii* **39, 46, 73**
Eustoma **42, 184**

Fachbegriffe 187
Fagus sylvatica 'Atropunicea' (Blutbuche) **178**
Farbe 9ff.
– Apricot 20f.
– Blau 32f.

– Creme weiß 16f.
– Gelb 18f.
– Grün 34f.
– Lila 30f.
– Orange 22f.
– Rosa 26f.
– Rot 24f.
– Violett 28f.
– Weiß 14f.
Färberkamille *(Anthemis tinctoria)* **156**
Farne 44f., 183
Federmohn *(Macleaya cordata)* **160**
Felsenmispel *(Cotoneaster)* **182**
Fenchel *(Foeniculum vulgare)* **63, 73, 74, 105, 116, 123, 144, 150, 169**
Fenster 140ff.
Fetthenne **30, 41**
Feuerdorn *(Pyracantha)* **182**
Fingerhut *(Digitalis purpurea)* **26, 158,** 173
Flammenblume *(Phlox)* **10, 151, 159**
Flieder *(Syringa)* **31, 39, 51, 56, 66, 73, 84, 133, 167**
Flockenblume *(Centaurea scabiosa)* **172**
Floribundarosen **164**
Foeniculum vulgare (Fenchel) **63, 73, 74, 105, 116, 123, 144, 150, 169**
Forsythia (Goldglöckchen, Forsythie) **174**
– *x intermedia* 'Beatrix Farrand' 174
– *x intermedia* 'Lynwood' **174**
– *suspensa fortunei* 174
Forsythie *(Forsythia)* **174**
Frauenhaarfarn *(Adiantum pedatum)* **45, 71,** 183
Frauenmantel *(Alchemilla mollis)* **31, 54, 58, 59, 63, 73, 102, 105, 153, 171**
Freesia (Freesie) **176**
Freesie *(Freesia)* **176**
Fritillaria 170
– *acmopetala* **170**
Fritillarie *(Fritillaria)* **170**
Früchte 182
Frühlingsblumen 162f.
Fuchsschwanz *(Amaranthus caudatus* 'Viridis') **34, 90, 118, 171**
Fuchsschwanzgras *(Alopecurus pratensis)* 183
Funkie *(Hosta)* **27, 36, 41, 100, 105, 120, 138, 180**

G*alanthus* (Schneeglöckchen) **163**
– *nivalis* 'Atkinsii' 163
– *nivalis* 'S. Arnott' 163
Galium odoratum (Waldmeister) 169
Gallicarosen **165**
Gardenia (Gardenie) **177**
– *jasminoides* 177
Gardenie *(Gardenia)* **177**
Garnierung 102f.
Garrya elliptica (Becherkätzchen) **179**
Gartenminze **92**
Gartennelke *(Dianthus caryophyllus)* **157**
Gehölz 173
Geißblatt *(Lonicera)* **154, 166**
Gelb 18f.
Geranie *(Pelargonium)* **18, 23, 31, 74, 92, 125, 137, 138, 142, 166, 180**
Gerbera *(Gerbera x jamesonii)* **21, 56, 70, 73, 79, 126, 177**
Gewächshauspflanzen 176f.
Ginster *(Cytisus, Genista, Spartium)* **174**
Gladiole *(Gladiolus)* **110, 177**
Gladiolus (Gladiole) **110, 177**
– 'Ackermann' 177
– 'Blushing Pride' 177
– *nanus* 177
– 'Peach Blossom' 177
– primulinus 'Treasure' **177**
Glanzgras *(Phalaris arundinacea)* **183**
Glas 50ff.
Glattblattaster *(Aster novibelgii)* **156**
Glaucium flavum (Hornmohn) 180
Glockenblume **41, 105**
Goldglöckchen *(Forsythia)* **174**
Goldlack *(Cheiranthus)* **168**
Goldlauch *(Allium moly)* **156**
Goldliguster *(Ligustrum ovalifolium* 'Aureum') **9, 144,** 179
Gräser 44f., 183
Grasnelke 105
Grauschattierungen **46**
Greiskraut *(Senecio bicolor)* **46,** 180
Grün 34f.
Grüne Blüten 170f.
Grüner Germer *(Veratrum viride)* **170**
Gypsophila paniculata (Schleierkraut) **12, 102, 158**

Hafer **30, 34, 77, 89**
Hagebutten *(Rosa)* **182**
Hahnenfuß **22, 24, 128, 138**
Hamamelis (Zaubernuß) **181**
– *japonica* 181
– *mollis* **181**
Hartriegel *(Cornus alba* 'Elegantissima') **41, 136, 178**
Hasenglöckchen *(Scilla non-scripta)* 173
Hedera (Efeu) **62, 141,** 180
– *helix* 180
Heiligenkraut *(Santolina chamaecyparissus)* **123, 148, 167**
Helianthus annuus (Sonnenblume) **161**
Helichrysum (Strohblume) **42, 123, 179**
– *thianshanicum* 179
Helictotrichon sempervirens (Blaustrahlhafer) **183**
Heliotrop *(Heliotropium peruvianum)* **166**
Heliotropium peruvianum **166**
Helleborus (Nieswurz) **55, 170**
– *foetidus* **13, 14,** 50, **76, 83**
Helxine **73, 102**
– *soleirolli* (Bubiköpfchen) **54, 177**
Hemerocallis (Taglilie) **157**
– *flava* 157
Henne mit Küken *(Tolmiea menziesii)* **22, 31, 42, 81, 89, 107, 118,. 120, 123, 142, 153**
Hibiskus *(Hibiscus)* **175**
Hibiscus (Hibiskus) 175
– 'Hamabo' **175**
– *rosa-sinensis* 175
– *syriacus* 175
Hiobsträne *(Coix lacryma-jobi)* 183
Hippeastrum (Amaryllis) **49, 56, 125, 176**
Holländische Iris *(Iris xiphium x Iris tingitana)* 177
Holunder *(Sambucus racemosa)* **141, 178, 182**
Hopfen *(Humulus)* **62, 179**
Hornmohn *(Glaucium flavum)* 180
Hortensie *(Hydrangea)* **9, 34, 36, 45, 61, 68, 90, 97, 108, 118, 123, 134, 148, 150, 151, 170, 175**
Hosta (Funkie) **27, 36, 41, 100, 105, 120, 180**
– *fortunei* **21, 24, 26, 42, 180**
– *sieboldiana* 'Elegans' 180
– *undulata* 'Univittata' 180
Humulus (Hopfen) **62,** 179
– *japonicus* 'Variegatus' **179**
– *lupulus* 179
Hyazinthe *(Hyazinthus orientalis)* **162**
Hyazinthus orientalis 162
– 'Jan Bos' 162
– 'L'Innocence' 162
– 'Lord Balfour' 162
– 'Ostara' **162**
– 'Queen of the Pinks' **162**
Hydrangea (Hortensie) **9, 34, 36, 45, 61, 68, 90, 97, 108, 118, 123, 134, 148, 150, 151, 170, 175**
– 'Blue Wave' 175
– *paniculata* 'Grandiflora' **170**
Hypericum **61, 62, 145**
– *patulum* (Johanniskraut) **56, 70, 153, 153, 175**
– 'Hidcote'
– *perforatum* (Tüpfeljohanniskraut) **173**
Hyssopus officinalis (Ysop) **169**

I*lex* (Stechpalme) 179, *182*
– x *altaclarensis* 'Lawsoniana' **179**
– *aquifolium* 'Argenteomarginata' 179, 182
Indianernessel *(Monarda didyma)* **166**
Ingwer **58**
Inkalilie *(Alstroemeria)* **113, 114, 115, 130, 147, 156**
Innenräume, monochrome 120f.
Iris (Iris) **148,** 163, **177**
– *barbata-elatior* (Schwertlilie) **158**
– 'Birgit Herald' 158
– 'Dancer's Veil' **158**
– 'Jane Philips' **158**
– 'Ola Kala' **158**
– *reticulata* **163**
– *unguicularis* 163
– *xiphioides* 177
– *xiphium* 'Gipsy Girl' **177**
– xiphium x *tingitana* 177
Islandmohn **100**
Ixia (Ixie) 177

Jasmin *(Jasminum)* **95, 133, 166**
Jasminum **95, 133,** 166
– *officinale* **166**
– *nudiflorum* (Winterjasmin) 166
Japanischer Ahorn *(Acer japonicum)* **180**
Johanniskraut *(Hypericum patulum)* **56, 70, 153, 175**
Jonquille *(Narcissus jonquilla)* **163**
Jungfer im Grünen *(Nigella)* **9, 52, 67, 84, 123, 134, 151**
Juniperus (Wacholder) **182**
– *communis* 182

Kaktusdahlie **61**
Kalifornisches Feuerwerk *(Dichelostemma ida-maia)* **176**
Kamelie *(Camellia)* **176**
Kamille 123, **137**
Kamin 152f.
Kapuzinerkresse *(Tropaeolum majus)* **159**
Katzenminze *(Nepeta x faassenii)* **56, 77, 92, 157**
Keramik 54ff.
Kerbel **98**
Kermesbeere *(Phytolacca)* **36, 142, 151,** 182
Kirsche **128**
Kletterrosen **164**
Knöterich *(Polygonum)* **43, 151**
Koeleria glauca (Schillergras) 183
Kolkwitzie **41**
Komposition 68ff.
Königslilie **20, 128, 147, 152**
Körbe 62f.
Kornblume *(Centaurea cyanus)* **9, 33, 52, 58, 63, 67, 68, 74, 142, 148, 151, 157**
Kornfeld 172
Konrade *(Agrostemma githago)* **172**
Kranzschlinge *(Stephanotis floribunda)* **167**
Kranzspiere *(Stephanandra)* **9, 36, 61, 64, 74, 98,** 108, **118, 148, 150,** 181
Kräuter 92f., 169
Krokus *(Crocus)* **162**
Kugelprimel *(Primula denticulata)* **160**

L*athyrus odoratus* (Duftwicke) **168**
Laurus nobilis (Lorbeer) **169**
Lavandula angustifolia (Lavendel) 166
– 'Alba' 166
– 'Hidcote Blue' **166**
– 'Munstead' 166
Lavendel *(Lavandula angustifolia)* **166**
Lavendelheide *(Pieris japonica)* **175**
Leimkraut *(Silene alba)* **172**
Lein *(Linum perenne)* **173**
Leopardenlilie *(Lilium pardalinum)* **165**
Leucojum (Märzenbecher) **82**
Levkoje *(Matthiola)* **50, 66, 86,** 123, **132, 133**
Liebesgras *(Eragrostis elegans)* **183**
Liebstöckel **138**
Ligustrum ovalifolium 'Aureum' (Goldliguster) **9, 144, 179**
Lila 30f.
Lilie *(Lilium)* **32, 90f., 110, 128, 132, 138, 148, 164, 165**
Lilium (Lilie) **32, 90f., 110, 128, 132, 138, 148, 164,** 165
– *auratum* **89, 90, 91, 147, 165**
– 'Burgundy' 165
– *Candidum* (Madonnenlilie) **167**
– 'Enchantment' 165
– *henryi* **165**
– *longiflorum* **73, 86, 133, 184**
– *martagon* 'Alba' **165**
– *pardalinum* (Leopardenlilie) **165**
– 'Peach-Blush' **138**
– 'Perfection' **118**
– 'Pirate' 165
– *regale* (Trichterlilie) **9, 56, 90, 147, 165**
– 'Rubrum' **56, 130, 147, 152**
– 'Snow Princess' **123**
– *speciosum* **165**
– 'Stargazer' **50, 114, 130**
– *tigrinum* **165**
– 'White Lady' **32**
Linie 80f.
Linum perenne (Lein)**173**
Lonicera (Geißblatt) **154, 166**
– *fragrantissima* 166
– *periclymenum* (Waldgeißblatt) 166, **168**
Lorbeer *(Laurus nobilis)* **169**
Löwenmäulchen *(Antirrhinum majus)* **160**

REGISTER

Lungenkraut **50**
Lupine *(Lupinus × hybridus)* **158**
Lupinus × hybridus (Lupine) **158**
– 'Russel' **158**

M*acleaya* **145, 147**
– *cordata* (Federmohn) 160
– 'Coral Plume' **160**
Madonnenlilie *(Lilium candidum)* 167
Magnolia (Magnolie) **128,** 175
– *grandiflora* **175**
– *liliflora* 175
– *× soulangiana* 175
Magnolie *(Magnolia)* **128, 175**
Mahonia (Mahonie) 167
– *japonica* **167**
Mahonie *(Mahonia)* **167**
Maiglöckchen *(Convallaria majalis)* **14, 167**
Malcolmia maritima (Virginia-Levkoje) **168**
Malus (Apfel) **114, 133,** 174, 183
– *floribunda* **174**
– *sylvestris* 174
Malva moschata (Moschusmalve) **173**
Mammut **43**
Marienglockenblume *(Campanula medium)* **156**
Märzenbecher *(Leucojum)* **82**
Matthiola (Levkoje) **50, 66, 86, 132, 133,** 161
– *incana* **161**
– *longipetala bicornis* 161
Matthiola bicornis (Abendlevkoje) **168**
Mauve **42**
Meconopsis betonicifolia (Mohn) **160**
Mehlbeere *(Sorbus aria)* **181**
Melisse **93**
Mentha (Minze) **33, 42, 63, 93, 95, 169**
Metall 60f.
Milchstern *(Ornithogalum nutans)* **171**
Mimose *(Acacia dealbata)* **18, 63, 167**
Mimulus **137**
Minze *(Mentha)* **33, 42, 63, 93, 95, 169**
Mistel *(Viscum album)* 182
Möhre **28, 50, 76, 113, 133**
Mohn *(Papaver)* **34, 77, 160**
Molucella laevis (Muschelblume) **10, 34, 56, 124, 145, 153, 170**
Monarda didyma (Indianernessel) **166**
Montbretie **23, 74**
Moschusrose **164**
Moschusmalve *(Malva moschata)* **173**
Muscari (Traubenhyazinthe) 81, **162**
– *armeniacum* 'Heavenly Blue' 162
Muschelblume *(Molucella laevis)* **10, 34, 56, 124, 145, 153, 170**
Mutterkraut *(Chrysanthemum parthenium)* **169**
Myosotis sylvatica (Vergißmeinnicht) **157**
Myrrhis odorata (Süßdolde) **168**

Narzisse **10, 19, 50, 52**
Narcissus (Osterglocke) **10, 19,** 162
– 'Beryl' 162
– 'Dutch Master' 162
– 'Flore Pleno' 163
– 'Ice Follies' **162**
– 'Jack Snipe' **162**
– *jonquilla* (Jonquille) **163**
– 'Passionale' 162
Nelke *(Dianthus × allwoodii)* **28, 160**
Nemesia strumosa (Nemesie) **177**
– 'Blue Gem' **177**
Nemesie *(Nemesia strumosa)* **177**
Nepeta **92**
– *× faassenii* (Katzenminze) **56, 77, 92, 157**
Nerine (Nerine) **125, 138, 159**
– *bowdenii* 159
Nesselglockenblume *(Campanula trachelium)* **173**
Nestfarn *(Asplenium nidis)* 183
Neuseeländischer Flachs *(Phormium tenax)* **180**
Nicotiana alata (Ziertabak) **168**
Nieswurz *(Helleborus)* **55, 170**
Nigella (Jungfer im Grünen) **9, 52, 67, 84, 123, 134, 151**

Ochsenzunge **68, 78**
Ocimum basilicum (Basilikum) **169**
– 'Dark Opal' 169
Ölweide *(Eleagnus pungens)* **178**
Onopordum (Eselsdistel) **178**
– *acanthium* 178
– *giganteum* 178
Orange 22f.
Orangenblume *(Choisya ternata)* **55, 167**
Orchideen **177**
Ornithogalum nutans (Milchstern) **171**
– *thyrsoides* (Chincherinchee) **176**
Osterglocke *(Narcissus)* **10, 19, 162**

P*aeonia* (Pfingstrose) **16, 27, 55, 159**
– 'Alexander Steffen' **159**
– 'Bowl of Beauty' **159**
– 'Burma Ruby' **159**
– *lactiflora* 159
– *mlokosewitchii* 159
– *officinalis* 159
Pampasgras *(Cortaderia selloana)* **183**
Panicum virgatum 'Rehbraun' (Rutenhirse) 183
Papageientulpe **113, 115**
Papaver (Mohn) **34, 77, 160**
– *nudicaule* (Islandmohn) **160**
– *orientale* (Türkenmohn) **160**
– *rhoeas* (Klatschmohn) **172**
Parthenocissus (Wilder Wein) **181**
– *quinquefolia* 181
– *tricuspidata* 181
Pelargonium (Geranie) **18, 23, 31, 74, 92, 125, 137, 138, 142, 166, 180**
– 'A happy Thought' 180
– 'Caroline Schmidt' 180
– *× citrosum* 166
– crispum 166
– *fragrans* 166
– *graveolens* 166
– 'Henry Cox' **180**
– 'Red Black Vesuvius' 180
Pernettya mucronata (Torfmyrthe) **182**
– 'Alba' 182
Perückenstrauch *(Cotinus)* **181**
Petersilie *(Petroselinum crispum)* **93, 169**
Petroselinum crispum (Petersilie) **93, 169**
Peucedanum graveolens (Dill) **41, 169**
Pfaffenhütchen *(Euonymus)* **179**
Pfefferminz Eukalyptus *(Eucalyptus coccifera)* 179
Pfeifenstrauch *(Philadelphus)* **41, 63, 168**
Pfingstrose *(Paeonia)* **16, 27, 55, 159**
Phalaris arundinacea (Glanzgras) **183**
Philodelphus (Pfeifenstrauch) **41, 63,** 168
– 'Belle Etoile' 168
– *coronarius* **168**
– *microphyllus* 168
– *× virginalis* 168
Phlox (Flammenblume) **10, 151, 159**
– *drummondii* 159
– *maculata* 159
– *paniculata* **159**
Phormium tenax (Neuseeländischer Flachs) **180**
– 'Purpureum' 180
– 'Variegatum' 180
Phytolacca (Kermesbeere) **36, 142, 151,** 182
Pieris japonica (Lavendelheide) **175**
Poinsettie **24**
Polygonatum × hybridus (Salomonssiegel) **78, 91, 136, 171**
Polygonum (Knöterich) **43, 151**
Prachtglocke *(Enkianthus)* 179
Prachtspiere *(Astilbe × arendsii)* **156**
Präparieren 184f.
Primel *(Primula vulgaris)* **160, 173**
Primula (Primel) 160
– *auricula* (Aurikel) **160, 171**
– *denticulata* (Kugelprimel) **160**
– *veris* (Schlüsselblume) **172**
– *vulgaris* (Primel) **166, 173**
Proportionen 78f.
Protea **63**
Prunus (Zierkirsche) 174
– *cerasifera* **174**
– 'Kanzan' 174
Pteridium argyraea (Adlerfarn) 183
Pteris cretia (Saumfarn) **183**
Pyracantha (Feuerdorn) **182**
– *coccinea* 182

Quitte 128

R*anunculus acris* (Wiesenhahnenfuß) **172**
Raute *(Ruta graveolens)* **169**
Reife, künstliche 186
Reseda odorata (Resede) **150, 167**
– *'Machet Rubin'* **167**
Resede *(Reseda odorata)* **150, 167**
Rhabarber **148**
Rhododendron (Azalee) **39, 64, 73, 114, 115, 174,** 175
– 'Cecile' **174**
– *quinquefolium* 174
Riesen-Blumenlauch *(Allium giganteum)* **156**
Ringelblume *(Calendula officinalis)* 159
Rittersporn *(Delphinium)* **9, 10, 12, 13, 32, 33,** 55, **56, 58, 59, 80, 98, 99, 113, 114, 115, 147, 152, 157, 158**
Rosa (Rose) **20, 24, 41, 68, 81, 88f., 95, 98, 105, 107, 113, 116, 132, 133, 134, 141, 154, 164, 184**
– 'Belle de Crecy' 165
– 'Blue Moon' **164**
– 'Cardinale Richelieu' 165
– 'Carte-blanche' **50, 86**
– 'Champagne' **66**
– *chinensis* 164
– 'Dirigent' 164
– 'Elizabeth of Glamis' **164**
– *'gallica* 'Versicolor' 165
– 'Gloire des Rosamanes' 164
– *hugonis* 165
– 'Iced Ginger' 164
– 'Irish Beauty' 164
– 'Königin von Dänemark' 164
– 'La Reine Victoria' 165
– 'Landa' **16**
– 'Lichtkönigin Lucia' **164**
– 'Lilac Charm' 164
– 'Lily Marleen' 164
– 'Madame Hardy' 164
– 'Madame Isaac Pereire' 165
– 'Maiden's Blush' 164
– *moyesii* 165
– 'Nevada' **164**
– *× odorata* 164
– 'Old Blush' **164**
– 'Parkdirektor Riggers' 164
– 'Pascali' 164
– 'Peace' 164
– 'Perle d'Or' 164
– 'Queen Elizabeth' **84**
– 'Rosa Mundi' **165**
– *rubrifolia* 165
– *rugosa* 165, **182**
– 'Schneewittchen' 164
– 'Schneezwerg' **165**
– 'Soleil d'Or' 164
– 'Superstar' **164**
– *villosa* 165
– 'Whiskey Mac' **164**
– 'William Lobb' **164**
– 'Zephirine Drouhin' **165**
Rosa 26f.
Rose *(Rosa)* **20, 24, 41, 68, 81, 88f., 95, 98, 105, 107, 113, 116, 132, 133, 134, 141, 154, 164, 184**
Rosmarin *(Rosmarinus officinalis)* **169**
Rosmarinus officinalis (Rosmarin) 169
Rot 24f.
Rotes Leimkraut *(Silene dioica)* **173**
Rubus (Brombeere) 174
– *deliciosus* 174
– 'Tridel' **174**
Ruta graveolens (Raute) **169**
– 'Jackman's Blue' 169
Rutenhirse *(Panicum virgatum* 'Rehbraun') 183

Saatwucherblume *(Chrysanthemum segetum)* **172**
Säckelblume *(Ceanothus)* **174**
Salbei *(Salvia officinalis)* **46, 160, 169**
Salix alba (Weide) **181**
– *alba* 'Chermesina' 181
– *alba* 'Tristis' 181
– *babylonica* 181
– *daphnoides* **175**
Salomonssiegel *(Polygonatum × hybridus)* **78, 91, 136, 171**
Salvia (Salbei) 46, 160
– *haematodes* 160
– *nemorosa* 160
– *officinalis* 160, **169**
– *sclarea* **160**
– *splendens* **160**
Sambucus (Holunder) **141, 178,** 182
– 'Aurea'
– 'Lactinata'
– *nigra* 182
– 'Plumosa Aurea' **178**
– *racemosa* 178
Sandbirke *(Betula pendula)* **178**

Santolina chamaecyparissus (Heiligenkraut) **123, 148, 167**
Sauerampfer **52**
Saumfarn *(Pteris cretia)* **183**
Scabiosa (Skabiose) **9, 33, 62, 64, 71, 140, 151, 153**
– *caucasia* **161**
Schafgarbe *(Achillea filipendula)* **18, 59, 138,** 142, **168**
Schattenblume *(Smilacina racemosa)* **179**
Schillergras *(Koeleria glauca)* 183
Schlafzimmer 132 f.
Schlehe **128**
Schleierkraut *(Gypsophila paniculata)* **12, 102, 158**
Schlüsselblume *(Primula veris)* **172**
Schmetterlingsstrauch *(Buddleia)* **174**
Schmuck-Eberesche *(Sorbus decora)* 180
Schmucklilie *(Agapanthus)* **10, 32, 107, 116, 153, 156**
Schneeball *(Viburnum opulus)* **12, 19, 28, 39, 50, 73, 93, 101, 114, 115, 120, 141, 174, 181**
Schneebeere *(Symphoricarpus)* **183**
Schneeglöckchen *(Galanthus)* **163**
Schopflilie **34**
Schwertlilie *(Iris barbata-elatior)* **158**
Scilla (Blaustern) 163
– *bifolia* 163
– *hispanica* 163
– *mischtschenkoana* 163
– *non scripta* 163, 173
– *sibirica* **163**
Sedum **77**
Seidelbast *(Daphne)* **166**
Senecio bicolor (Greiskraut) **46,** 180
Silene alba (Leimkraut) **172**
– *dioica* (Rotes Leimkraut) **173**
Skabiose *(Scabiosa)* **9, 33, 62, 64, 71, 140, 151, 153, 161**
Skimmia japonica (Skimmie) **182**
Skimmie *(Skimmia japonica)* **182**
Smilacina racemosa (Schattenblume) **179**
Sonnenblume *(Helianthus annuus)* **161**
Sorbus aria (Mehlbeere) **181**
– *decora* (Schmuck-Eberesche) 180
Spanische Iris *(Iris xiphium)* 177
Spargelkraut **124**
Spartium (Spanischer Ginster) 174
Speisen und Blumen 97 ff.
Spindelstrauch *(Euonymus)* **179**
Spiräe *(Spiraea)* **76, 86,** 175
Spiraea (Spiräe) **76, 86,** 175
– *arguta* 175
– x *bumalda* **175**
– *salicifolia* **132, 134, 137**
Stachys lanata (Eselsohren, Wollziest) **180**
– *sylvatica* (Waldziest) **173**
Stechpalme *(Ilex aquifolium)* **179,** 182
Stephanandra (Kranzspiere) **9, 36, 61, 64, 74, 98, 108, 118, 148, 150,** 181
– *incisa* 181
Stephanotis floribunda (Kranzschlinge) **167**
Sternblume **34, 77, 147, 153**
Sterndolde *(Astrantia)* **26, 54, 159**
Sternhyazinthe **13, 28, 76, 78, 100, 136**
Sternkugellauch *(Allium christophii)* 156
Stiefmütterchen *(Viola x wittrockiana)* **159**
Stiele 82 f.
Stockrose *(Althaea rosea)* **158**
Stranddistel *(Eryngium maritimum)* **63, 118,** 180
Sträucher 174 f.
Strauchrosen **164**
Sträuße, große 76 f.
Straußgras *(Agrostis)* 183
Strohblume *(Helichrysum)* **42, 123, 179**
Strukturen 84 f.
Süßdolde *(Myrrhis odorata)* **168**
Symphoricarpus (Schneebeere) **183**
Syringa (Flieder) **31, 39, 51, 56, 66, 73, 84, 133, 167**
– *vulgaris* 167

Taglilie *(Hemerocallis)* **157**
Taxus baccata (Eibe) **23, 183**
Teehybriden **164**
Thalictrum (Wiesenraute) 52, **118, 124, 150, 153**
Thymian *(Thymus)* **169**
Thymus (Thymian) **169**
– *citriodorus* 169
– *serpyllum* 69
– *vulgaris* **169**
Tigerlilie *(Lilium tigrinum)* **165**
Tisch 146 f.
Tolmiea menziesii (Henne mit Küken) **22, 31, 42, 81, 89, 107, 118, 120, 123, 142, 153**
Torfmyrthe *(Pernettya mucronata)* **182**
Tradescantia x *andersoniana* (Dreimasterblume) **161**
Traubenhyazinthe *(Muscari)* 81, **162**
Trauerweide *(Salix alba* 'Tristis') 181
Trichterlilie *(Lilium regale)* **165**
Triticum 183
Tropaeolum majus (Kapuzinerkresse) **159**
Tuberose **14, 77, 79, 126, 145**
Tulipa (Tulpe) **81, 84, 128,** 163
– 'Apricot Beauty' **163**
– 'China Pink' 163
– 'Couleur Cardinal' 163
– *clusiana* **163**
– 'Flying Dutchman' 163
– *fosteriana* **163**
– *Greigii* 163
– 'Queen of Night' **163**
Tulpe *(Tulipa)* **81, 84, 128, 163**
Tüpfeljohanniskraut *(Hypericum perforatum)* **173**

Vanillestrauch *(Heliotropium peruvianum)* 166
Variationen 42 ff.
Veratrum viride (Grüner Germer) **170**
Vergißmeinnicht *(Myosotis sylvatica)* **157**
Veronica (Ehrenpreis) 161
– *longifolia* **161**
– *virginica* 161
Viburnum (Schneeball) 181
– *davidii* **181**
– *opulus* (Schneeball) **12, 19, 28, 39, 50, 73, 93, 101, 114, 115, 120, 141, 174, 181**
– *opulus* 'Sterile' 174
Viola odorata (Duftveilchen) **168**
– *tricolor* (Wildes Stiefmütterchen) 172
– x *wittrockiana* (Stiefmütterchen) **159**
Violett 28 f.
Virginia-Levkoje *(Malcolmia maritima)* **168**
Viscum album (Mistel) 182
Vitis (Zierwein) 181
– *coignetiae* 181
– *riparia* 181
– *vinifera* 'Brandt' **181**
Vogelbeere **12, 39, 56, 80, 83**

Wacholder *(Juniperus)* **182**
Waldgeißblatt *(Lonicera peridymenum)* **168**
Waldmeister *(Galium odoratum)* 169
Waldziest *(Stachys sylvatica)* **173**
Wegmalve **142, 148**
Weide *(Salix alba)* **175, 181**
Weigela (Weigelie) 181
– *florida* 'Purpurea' 181
Weigelie *(Weigela)* 181
Weinraute **93**
Weinraute 'Jackman's Blue' **46**
Weiß 14 f.
Weißbirke *(Betula pendula)* **178**
Wicke **9, 52, 83, 95, 124, 140**
Wiese 172
Wiesenhahnenfuß *(Ranunculus acris)* **172**
Wiesenmargerite *(Chrysanthemum leucanthemum)* **173**
Wiesenraute *(Thalictrum)* **52**
Wildalpenveilchen *(Cyclamen hederifolium)* 157
Wildblumen 172 f.
Wilde Möhre *(Daucus carota)* 173
Wilder Wein *(Parthenocissus)* **181**
Wildes Stiefmütterchen *(Viola tricolor)* 172
Wildrosen **165**
Wintergarten 138 f.
Wolfsmilch *(Euphorbia)* **66, 120, 152, 171**
Wollgras *(Eriophorum latifolium)* **183**
Wollziest *(Stachys lanata)* **180**
Wurmfarn *(Dryopteris filixmas)* **183**

Ysop *(Hyssopus officinalis)* **169**

Zaubernuß *(Hamamelis)* **181**
Zea mays (Ziermais) 180
Zenitfolie **89**
Zierkirsche *(Prunus)* **174**
Zierkohl *(Brassica oleracea)* **42, 178**
Ziermais *(Zea mays)* 180
Zierquitte (Chaenomeles) **175**
Zierspargel *(Asparagus asparagoides)* 181
Ziertabak *(Nicotiana alata)* **168**
Zierwein *(Vitis)* **181**
Zimmerkalla **14, 39, 128, 130**
Zimmerpflanzen 176 f.
Zimmerschmuck 107 ff.
Zinnia elegans (Zinnie) **64, 79, 103, 126, 142, 151, 161, 171**
– 'California Giant' 161
– 'Envy Double' 171
– 'Thumbelina' 161
Zinnie *(Zinnia elegans)* **64, 79, 103, 126, 142, 151, 161, 171**
Zitronen-Eukalyptus *(Eukalyptus citriodora)* 179
Zwiebeliris *(Iris)* **177**
Zwiebeln antreiben 186

Danksagungen des Verlages und der Autoren

Für die Fachberatung: Evelyn Shearer und June Wade, von den Floristen Pulbrook und Gould, London

Recherchen: Robin Guild; Judith und Martin Miller; Next Interior; Designers Guild

Dank an Cosmopolitan für die Abdruckerlaubnis der Fotos S. 128/129

Die Keramikvasen wurden von Designers Guild zur Verfügung gestellt. Die abgebildeten Keramikarbeiten stammen von folgenden Künstlern:

Seite	
13	Ivo Mosley (oben)
29	Emmanuel Cooper
44	Jane Forster (Schüssel) und Jacques Molin (Vasen)
46	Judy Caplin
56	Janice Tchalenko
57	Karen Bunting
59	Janice Tchalenko (unten)
64	Carol McNichol (links)
64	Suzanne Bergne (oben)
65	Suzanne Bergne
67	Janice Tchalenko (rechts)
70	Emmanuel Cooper
78	Ivo Mosley (links)
79	Töpfe von Karen Bunting
98–99	Hinchcliffe und Barber
103	Sebina Teuteberg
115	Janice Tchalenko (rechts)
147	Jacques Molin (Vasen), Emmanuel Cooper (Schale)
152	Janice Tchalenko (links)